# Das Bahnhofsviertel

Wo München wirklich **Welt**stadt ist

Karl Stankiewitz

# Das Bahnhofsviertel

Wo München wirklich **Welt**stadt ist

SUTTON HEiMAT

# Bildnachweis

Picture Alliance / Sueddeutsche Zeitung Photo: Titelbilder vorn (oben: Fotograf Robert Haas / unten: Josef Wildgruber)
Karl Stankiewitz: Vorsatz, S. 27, 28, 41, 42, 52, 61, 69, 79, 101
Thomas Stankiewicz: S. 10, 34, 43, 65, 71, 75, 88, 106, 111
Valentin-Musäum: S. 51
BR Manfred Schmitz: S. 92/93
Ingrid Theis: S. 113
Pfarrei St. Paul: S. 57
Architekturbüro Auer Weber: S. 114/115, Einband Rückseite

Alle weiteren Bilder sind von muenchenfoto, Heinz Gebhardt.

**Titelbild oben:** Die nächtlich beleuchtete Schillerstraße nahe dem Münchner Hauptbahnhof.
**Titelbild unten:** Fassade des Münchner Hauptbahnhofs mit Uhr; im Glas des Gebäudes spiegelt sich das Kaufhaus Hertie.
**Vorsatz:** Alter Stadtplan von 1925, Ausschnitt.
**Nachsatz:** Blick auf die Schwanthalerstraße.
**Einband Rückseite:** Ein Büro- und Wohnturm ist anstelle des heutigen Starnberger Bahnhofs geplant.

Sutton Verlag GmbH
Hochheimer Straße 59
99094 Erfurt
www.suttonverlag.de
Lektorat: Barbara Buchter

Copyright © Sutton Verlag, 2015
ISBN: 978-3-95400-646-5
Satz und Gestaltung: Sutton Verlag
Druck: Florjančič Tisk d.o.o. / Slowenien

# Inhaltsverzeichnis

# Ein eigener Kosmos

Vorwort von Michael Stephan,
Leiter des Stadtarchivs München

In der reichhaltigen München-Literatur war ein Buch nur über das Bahnhofsviertel bislang ein Desiderat. Das lag vor allem daran, dass sich das ab der Mitte des 19. Jahrhunderts rund um den zweiten Bahnhofsbau rapide entwickelnde Viertel in der Schnittmenge zweier sich räumlich ständig verändernder Stadtbezirke lag. Zunächst gehörte das neue Bahnhofsareal amtlich ganz zur Maxvorstadt, 1875 kam es zu einer mittigen Aufteilung zwischen der Maxvorstadt und der Ludwigsvorstadt (damals als Stadtbezirk IX bezeichnet), bis 1891 das gesamte Bahnhofsgelände bis hin zur Arnulfstraße dem Stadtbezirk IX zugeschlagen wurde. 1954 erhielt der 9. Stadtbezirk einen neuen Namen: „Wiesen-/Bahnhofsviertel". 1987 griff man wieder auf die historische Begrifflichkeit der „Ludwigsvorstadt" zurück. Seit der Neueinteilung Münchens in 25 Stadtbezirke im Jahr 1992 ist das Bahnhofsviertel heute nur noch ein kleiner Teil des ausgedehnten 2. Stadtbezirks „Ludwigsvorstadt-Isarvorstadt".

In der seit 2005 vom Kulturreferat der Landeshauptstadt München herausgegebenen Publikationsreihe der „Kulturgeschichtspfade", in der jeder der 25 Stadtbezirke in einer eigenen Broschüre vorgestellt wird, sind zwar bereits 2008 bzw. 2009 die Bände zu den Stadtbezirken 2 (Ludwigsvorstadt-Isarvorstadt) und 3 (Maxvorstadt) erschienen, das Bahnhofsviertel und seine weitere Umgebung ist darin jedoch nur sehr punktuell behandelt.

Die seit 2010 vom Stadtarchiv München herausgegebene Reihe „Zeitreise ins alte München" orientiert sich dagegen nur teilweise an den heutigen Stadtbezirken, sondern nimmt die eigenständige Geschichte von Stadtvierteln in den Blick, die heute oft in größeren Stadtbezirken aufgegangen sind. Doch auch hier wurde dem Bahnhofsviertel kein eigener Band gewidmet. Erst in dem 2012 erschienenen Band „Ludwigsvorstadt" wurde es von meinem Vorgänger Richard Bauer in einigen Kapiteln zumindest mit behandelt („Erste Auswirkungen des Bahnhofsbaues"; „Neuer Schwerpunkt Hauptbahnhof"; „Von der ‚Sündigen Meile' zum orientalischen Bazar").

Doch nun liegt es vor, das erste Buch nur über das Bahnhofsviertel, und schon ein Blick in das Inhaltsverzeichnis zeigt, wie viele Aspekte dieses Viertel bietet (vom Hotel- und Vergnügungsviertel über das Multikultiviertel zum Zukunftsviertel), und dass sich um das Bahnhofsgebäude herum ein kleiner eigener Kosmos gebildet hat.

Die Herangehensweise an das Thema und der Stil lassen erkennen, dass hier kein Historiker oder Heimatforscher am Werk war, sondern ein Lokalreporter mit ausgeprägtem

Spürsinn. Karl Stankiewitz, 1928 geboren, begleitet schon seit über 67 Jahren das Geschehen in der Stadt, er dürfte heute der älteste noch aktive Journalist Münchens sein. Sein erster Bericht erschien am 7. Oktober 1947 in der „Süddeutschen Zeitung" (über „Kinderrepubliken" und andere Zeltstädte, die Jugendverbände mit amerikanischer Hilfe organisierten). 1948/50 war er Redakteur der „Abendzeitung", danach arbeitete er als Korrespondent für mehr als zehn deutsche Blätter, darunter die „Westdeutsche Allgemeine Zeitung" und der „Kölner Stadt-Anzeiger". Seit dem Jahr 1999 hat Karl Stankiewitz 27 Bücher veröffentlicht, bei etlichen konnte er auf seine zahllosen Zeitungsbeiträge zurückgreifen. Parallel dazu arbeitete er sich, mit vielen Recherchen in Archiven und Bibliotheken, in neue Themen ein, die etwa die Münchner Stadttopografie, historische Ereignisse und Personen, denen er begegnet war, zum Gegenstand haben. So erinnerte er in „Stadt der Träume" an nie ausgeführte Projekte. Es folgte eine reich bebilderte Monografie über den Stachus. Dann beschrieb Karl Stankiewitz – wie Sigi Sommers legendäre Figur Blasius – bei Spaziergängen durch unsere Prachtstraßen aufmerksam Haus für Haus.

Folgerichtig, dass der Autor nun das Bahnhofsviertel als Thema gewählt hat. Es scheint ihn gereizt zu haben, ein Viertel, das wenig homogen ist und kaum mehr historische Bausubstanz aufzuweisen hat, gerade auch wegen seines schlechten Rufes umfassend zu porträtieren. Da kommt ihm die Sichtweise des Lokalreporters zu Hilfe, der gewohnt ist, Objekte und Ereignisse an Personen festzumachen und sie interessant zu schildern. Er greift auch die aktuellen Veränderungen auf, kommt dabei manchmal zu subjektiven und pointierten Äußerungen, die vielleicht mit dem nötigen historischen Abstand so nicht gefallen wären, die aber insgesamt den Reiz der lesenswerten Darstellung ausmachen.

Es ist sehr hilfreich, dass der Autor die unterschiedlichen Aspekte des Bahnhofsviertels mit vielen Fakten erstmals umfassend gesammelt und festgehalten hat. Doch die Geschichte geht weiter, auch die des Bahnhofsviertels. Wenn die Deutsche Bahn in naher oder ferner Zukunft ihre – jetzt konkret vorliegenden – Pläne für das Bahnhofsprojekt „München 21" tatsächlich einmal umgesetzt haben sollte, dann muss die Geschichte des Viertels wenn nicht neu-, dann doch zumindest wieder um- und fortgeschrieben werden. Das Buch von Karl Stankiewitz wird dafür eine unumgängliche Grundlage bieten!

# Das Weltstadtviertel

## Mekka für Migranten

Kein anderes Stadtviertel Münchens ist durch die Bombenschwärme der Kriegsjahre 1944 und 1945 so flächendeckend und so nachhaltig zerstört worden wie die Gegend rund um den Hauptbahnhof. Professor Fritz Wickenhäuser, der Tourismus-Marketing an der Fachhochschule lehrt und als Besitzer zweier Hotels einem der Imagepflege dienenden Verein Südliches Bahnhofsviertel vorsteht, kennt in seiner immerhin 1,8 Kilometer langen Schwanthalerstraße nur drei Häuser, die in ihrer historischen Substanz weitgehend erhalten blieben und erneuert wurden; die Fassade von Haus Nr. 79 ist übrigens ein Glanzstück des Münchner Jugendstils.

Die fast vollständige Zerstörung des Viertels durch Bombenangriffe vor sieben Jahrzehnten hätte eine Chance für eine großzügige Planung sein können. Doch in der ersten Phase des Wiederaufbaus nach dem Zweiten Weltkrieg standen in diesem wenig bewohnbaren Viertel zunächst andere Prioritäten an: Verkehr und Gewerbe. Das bedeutete eine Konzentration erstens auf den wichtigsten süddeutschen Zentralbahnhof mit seinem weiten Gleisumfeld, zweitens auf die dort ansässigen Beherbergungsbetriebe und die Brauereien.

Eher zufällig ist darum herum dann doch eine ziemlich neue, ziemlich konzeptionslose Stadt entstanden. Eine typische Nachkriegsstadt, der da und dort noch heute die eher hässlichen Provisorien der Wirtschaftswunderjahre anhaften. Eher abschreckend hat Wolfgang Koeppen 1951 in seinem viel beachteten Roman „Tauben im Gras" die Münchner Bahnhofsgegend geschildert.

*„Sie gingen vorbei an den Trinkbuden, den Stehausschänken, verboten für alliierte Soldaten, und aus den Holzverschlägen krochen sie hervor, die Schlepper, die Wechsler, die Schnapper … Sie gingen weiter an den Neubauten der Kinos, an den Neubauten der Hotels vorbei, wurden von Kalkstaub berieselt, mit Mörtel beworfen, gingen durch die auf Trümmerfeldern errichteten Ladenstraßen, zur Linken und zur Rechten die ebenerdigen Baracken, blitzend mit Chromleisten, Neonleuchten und Spiegelscheiben: Parfüm aus Paris, Dupont-Nylon, Ananas aus Kalifornien, schottischer Whisky, bunte Zeitungsstände."*

WOLFANG KOEPPEN (1951): „Tauben im Gras"

Insgeheim gab es wohl noch einen anderen Grund dafür, dass die Landeshauptstadt vor einer bahnbrechend neuen Lösung für ihr leer gebombtes Bahnhofsareal zurückschreckte: Kein Experte und schon gar kein verantwortlicher Kommunalpolitiker mochte seinerzeit die Wahnsinns-Projekte der Nationalsozialisten, die anstelle der Eisenbahntrassen in City-Nähe eine gigantische Paradestraße schaffen wollten, in irgendeiner Variante noch einmal aufgreifen.

Nun sind ja Bahnhofsviertel kaum irgendwo Visitenkarten ihrer Stadt. Sie sind auch nicht das einladende Entree, das sie eigentlich sein sollten. „Schön" sind sie selten. Grüne oder gar von Tieren belebte Parks beispielsweise können nur die Bahnhöfe von Berlin-Zoologischer Garten und Karlsruhe gewissermaßen als Vorgärten präsentieren. Was München betrifft, so findet man das Grün in Hauptbahnhofsnähe allenfalls im Vorderteil der Goethestraße, wo ein paar Ahornbäume die eher abstoßenden Fassaden kümmerlich verstecken.

Trotz alledem hat gerade der hiesige Wildwuchs eine Stadtlandschaft von eigenem Reiz geschaffen. Seit den 1960er-Jahren drängten „Gastarbeiter" aus dem Süden in die noch von Baracken und Containern gesäumten Straßen. Allen voran kamen Arbeit Suchende aus der Türkei, dann aus Ex-Jugoslawien und schließlich auch aus arabischen Staaten. Sie machten in Behelfsbauten unzählige Billigshops und Imbissbuden auf, mit der Zeit folgten auch allerlei Dienstleistungen, bessere Restaurants mit Namen wie „Royal Kebab House" und kleinere Betten-Häuser. Auch etwa ein Dutzend muslimischer Moscheen, teils verborgen in tief gestaffelten Hinterhöfen, entstand im Laufe der Zeit, von denen dem Orientexperten Stefan Jakob Wimmer zufolge jedoch heute nur noch drei geblieben sind.

### Klein-Istanbul

Das ganze Viertel entwickelte sich zu einem großen, exotischen Bazar, mancherorts glaubt man sich heute nach Istanbul versetzt. Das ansonsten fehlende Grün blüht in Obst-, Gemüse- und Blumenläden – dicht neben einem schon etwas verwelkenden, einst jedoch sprühenden Nachtleben. Die hohe Zahl an ausländischen Mitbürgern in diesem Viertel erklärt wohl auch die Tatsache, dass die Grünen bei den Kommunalwahlen im März 2014 in den Stadtbezirken Ludwigsvorstadt und Maxvorstadt jeweils mehr als ein Drittel der Wählerstimmen bekamen. Noch deutlicher dominiert die Partei, die sich für eine multikulturelle Gesellschaft stark macht, in den Randgebieten der beiden durch die Bahn getrennten Stadtbezirke, die das eigentliche Bahnhofsviertel bilden. Seine Grenzen könnte man – eigenmächtig und willkürlich – etwa zwischen Stachus-Westseite, Elisen-/Karlstraße, Hackerbrücke und Landwehrstraße ziehen.

◀ *Eines der drei letzten historischen Häuser der Schwanthalerstraße.*

*Türkischer „Süpermarket".*

Ein Geviert also, das etwa so groß wie der Münchner Stadtbezirk Lehel ist, multikulturell wie kaum ein anderer Kiez in deutschen Städten, Kreuzberg inbegriffen. Amtlich gemeldet sind hier etwa 3.200 Bewohner, davon sind 53,4 Prozent Deutsche mit Migrationshintergrund. Dazu kommen die zu etwa 20.000 Arbeitsplätzen strebenden Pendler, die einkaufenden oder nur bummelnden Passanten sowie die Koffer rollenden Übernachtungsgäste. Demnach wird dieser Mikrokosmos täglich von über 50.000 Menschen überflutet, wobei die 350.000, die jeden Tag den verkehrsreichsten deutschen Bahnhof frequentieren, noch gar nicht mitgezählt sind. Sie kommen, wie man einmal erfragt hat, aus 30 Nationen. Es sind Jobber, Shopper und Flaneure, Elendsgestalten ebenso wie Superreiche, die sich die Nacht in der Suite für einen Tausender oder mehr leisten können.

Dass sich gerade hier so viele Zuwanderer und ausländische Mitbürger angesiedelt haben, lag insbesondere an den vergleichsweise noch niedrigen Mieten. Zwischen 1980 und 2000 sind die relativen Bodenrichtpreise in der – bei der einheimischen Bevölkerung wenig beliebten – Bahnhofsgegend um weniger als 80 Prozent gestiegen, direkt in der Nachbarschaft dagegen mindestens um das Doppelte, wie aus dem „München-Atlas" hervorgeht. Die neue Bevölkerungsschicht, ein fast nur aus dem südöstlichen Kulturkreis stammendes Völkergemisch, hat nicht nur das Stadtbild verändert, hat nicht nur ein fremdländisches Flair verbreitet, sondern auch eine „eigene ethnische Ökonomie", sagt Sabine Hafner von der Universität Bayreuth, eine Expertin für politische Geografie und räumliche Konfliktforschung.

Sie hat beobachtet, dass die unterschiedlichen Ethnien vielfach miteinander vernetzt sind, auch mit ihrer alten Heimat und mit deutschen Behörden. Etwa mit der „Mova" (Mobilisierung von Ausbildungsstellen bei ausländischen Arbeitgebern), welche Kontakt hält zu 1.300 ausländischen, auch hier überwiegend türkischen Betrieben. Man hilft sich gegenseitig durch Wohnungs- und Arbeitsvermittlung, durch Rechts- und Reiseberatung, durch Rabatte in den Läden, deren Kunden zu zwei Dritteln Einwanderer sind. Der Stadtsoziologe Hartmut Häußermann spricht von einer „gigantischen Integrationsmaschine". Auch drängen sich Begriffe auf wie „Klein-Istanbul" oder, allgemeiner, „Mekka für Migranten". Von der Bezeichnung „Schmelztiegel" hält die Geografin Hafner wenig, weil sich das Viertel nicht von der übrigen Stadt abschotte und die Wurzeln zur Heimat nicht gekappt seien wie das etwa in New York der Fall ist.

Für Franz Wickenhäuser ist das Bahnhofsviertel „der einzige Ort, wo München wirklich eine Weltstadt ist". Franz ist der Sohn des eingangs genannten Wirtschafts-Professors, dessen Verein um das Image dieses Ortes bemüht ist. Er lebt hier seit seiner Geburt, seit 1975, als München sein Image noch mit dem süßlichen Werbespruch „Weltstadt mit Herz" verbunden hatte. Franz hat alle Winkel des Viertels gründlich visitiert und als Berufsfotograf dokumentiert. Und er praktiziert hiesiges Weltbürgertum auch dergestalt, dass er eine Rockband und einen Radlerclub leitet, deren Mitglieder aus dem Irak, aus Kroatien, Japan, Österreich und Bayern stammen. Verheiratet ist der Münchner mit einer Moldawierin. Wir unterhalten uns im Café Goethe, dessen muslimischer Wirt, ungeachtet seiner Religion, „beste Schweinschnitzl" anbietet.

## Die Goethestraße

München Hauptbahnhof, Gleis 11, Frühjahr 1973: Aus Istanbul rollt ein Zug voller Türken ein. Unter ihnen Mahir Zeytinoglu. Er muss mit seinen Landsleuten, die in der Bundesrepublik arbeiten wollen, zwei Stunden in einem Bunker warten, bekommt eine Tüte mit Äpfeln und Bananen. Und bald schon einen Job in der Stadtgärtnerei. 1975 holt er seine Frau nach, macht ein Lebensmittellädchen auf, dann einen Teppichhandel, dann ein Restaurant. Heute hat er ein Hotel mit sieben Mitarbeitern. Er nennt es „Hotel Goethe", wobei er das o durch einen Halbmond ausgetauscht hat. Im plüschigen Foyer hängen Ölbilder vom türkischen Staatsgründer Kemal Atatürk, vom bayerischen Märchenkönig und vom deutschen Dichterfürsten, dessen „West-Östlichen Diwan" auch der Mann aus Anatolien kennt, obwohl er immer noch nicht recht mit der Sprache seiner neuen Heimat vertraut ist. Die wichtigste Zeitung seiner alten Heimat hat ihn zum „türkischen Bürgermeister der Goethestraße" ernannt.

*Und wo sich die Völker trennen,*
*Gegenseitig im Verachten,*
*Keins von beiden wird bekennen,*
*Daß sie nach demselben trachten.*
*(...)*
*Hab ich euch denn je geraten,*
*Wie ihr Kriege führen solltet?*
*Schalt ich euch, nach euren Taten,*
*Wenn ihr Friede schließen wolltet?*

J. W. v. GOETHE, „West-Östlicher Diwan"

„Durch ihren extremen Querschnitt die interessanteste Straße Deutschlands", meint Professor Dr. Ernst Pöppel, dessen Institut für Medizinische Psychologie sich auf Hausnummer 31 befindet, mit der Begründung: „Die ist so wild, die kriegt kein Gentrifizierer in den Griff." Wild ist sie wohl. Das äußert sich gleich an ihrem Eingang, neben dem U-Bahnausgang am Bahnhof. Hier befand sich noch vor Kurzem das Kommissariat 13 der Münchner Polizei, das sich im Rahmen der Organisierten Kriminalität mit Prostitution und Menschenhandel befasst.

„Im Bahnhofsviertel hat sich eine Beschaffungsprostitution ausgebreitet", hatte Kriminalhauptkommissar Peter Schillinger dem Autor im Jahr 2007 verraten, als gerade ein Mord an einem tschechischen Callgirl zu klären war. Inzwischen ist das uralte Gewerbe auch hier anderen, teils digitalen und nicht leicht dingfest zu machenden Erscheinungsformen der Kriminalität weitgehend gewichen. Das Rotlicht dämmert nur noch (siehe im Kapitel „Das Sozialviertel").

So konnte die ohnedies schäbige Polizeiburg am Bahnhof getrost abgerissen werden. An ihrer Stelle, wo zuvor schon markante Bauten standen, ist natürlich wieder eine neue Bettenburg entstanden (siehe im Kapitel „Die Hotelstadt"). In deren Parterre an der Bayerstraße möchte der Hotelier und Professor Wickenhäuser – er steht immerhin auch dem ums Stadtbild bemühten Münchner Forum vor – von seiner Tochter ein gepflegtes bayerisches Restaurant betreiben lassen, damit das weltstädtische München auch hier München bleibt, wenigstens noch ein Stückl. Im Outlet Center gegenüber preist eine asiatische Verkäuferin zierliche Dirndl und Lederhosen an, so viel Lokalkolorit soll sein.

Doch gleich nebenan offenbart sich noch die ganze, ungebrochene Vielfalt des Viertels. Im ersten Stock der Nummer 3 residieren die Turkish Airlines und ein Kosovo-Reisebüro, im zweiten eine Video-Production, im dritten vermittelt „die regionale Erotik-Online-Zeitung Ladies.de" Hostessen, Saunaclubs und ungeniert auch Prostituierte. Im vierten leistet Ahmet Ekmekymez etwas sprachholperig „Altbayerischer Lohnsteuerhilfe" (Stand: 2015).

Im Erdgeschoss lockt seit langer Zeit schon das „Sexyland" mit Blackbox und Tabledance, geöffnet bis 5 Uhr, an Wochenenden bis 8 Uhr morgens. In derlei Animierschuppen ist „mann" schnell einen vierstelligen Betrag los. Macht nix, meint vielleicht mancher potente Gast: Gegenüber findet er ein Leihhaus, eine Bank mit exotischem Namen sowie einen von auffallend vielen Juwelieren, die auch Zahngold in Zahlung nehmen. Im Euro-Shop kostet jeder Artikel einen Euro. In einem Laden werden Brautkleider innerhalb einer Stunde geschneidert. In Goethes Straße geht alles billig und flott von der Hand.

Obendrein gibt es in diesem nördlichen Stück der Dichterstraße – der südliche durchquert das sehr viel ruhigere Klinikviertel – ganz viele Designer und noch mehr Friseure; einige enthaaren auch die „Bikinizone". Das Business blüht. „Hier kommt die Krise zuletzt an", meint Serdal Antuntas, der als Rechtsanwalt für sein Viertel wirbt und kämpft.

## Die Schillerstraße

Das „Zuhause" unseres zweiten großen Nationaldichters ist nicht viel schöner. Doch des Poeten Postulat gilt auch hier: Alle Menschen werden Brüder. Neuerdings sind es die EU-Brüder aus Bulgarien, die hierorts Sorgen machen. Die meisten sind zwar ethnische Türken, sie waren aber als solche in ihrer Heimat wenig gelitten. So begaben sie sich auf Wanderschaft ins Wunderland. Da sie nun in ihrem Wunschziel „Mjunikki" zunächst weder Arbeit noch Wohnung finden, landen viele frühmorgens auf einem „Arbeiterstrich", wo sie von gewissen Paten, die nur aus dem Auto heraus winken, als Tagelöhner angeheuert zu werden hoffen, freilich nur für einen Hungerlohn.

Außerdem schillert die Straße im grellen Buntlicht der Spielhallen. In ihr befinden sich 43 der 258 vom Kreisverwaltungsreferat konzessionierten Betriebe, deren Zahl sich seit 1998 vervierfacht hat. Illegale Spielhöllen nicht mitgezählt. Der russische Investor hat, als er ein „Arabesk Boarding House" hochzog, auch schnell noch ein solches Kasino ins Parterre gestellt. Weil man die Spielautomaten von draußen nicht sehen darf, mussten die Fenster verkleidet werden.

Zwar sollen nun keine weiteren Konzessionen für große Kasinos mehr erteilt werden, wie dem Verein Südliches Bahnhofsviertel amtlich versichert wurde. Aber: „Mehr ist nicht zu erreichen", bedauert Professor Wickenhäuser und erwähnt Tricks der neuerdings von auswärts hereindrängenden „Investoren": Man beachtet zwar die maximale Flächengröße, plant aber nach der Genehmigung einfach mehrere Kleinkasinos nebeneinander. Das

*Eines der vielen Casinos.*

Kreisverwaltungsreferat erkannte immerhin eine „Suchtgefahr" und schrieb in einem „Glückspielstaatsvertrag" einen Mindestabstand von 250 Meter Luftlinie zwischen den Spiellokalen vor.

### Die Schwanthalerstraße

Und noch ein zweites, vergleichsweise ehrwürdiges Gewerbe hat sich im Bannkreis der Schillerstraße ausgebreitet. Seinen Schwerpunkt hat es jedoch um die Ecke, in der längsten Straße des Viertels, der Schwanthalerstraße.

Wie kommt es nur, dass von der Sonnenstraße bis hinauf zur Theresienhöhe so viele große, kleine und kleinste Computergeschäfte florieren? Es kommt daher, dass früher schon in Bahnhofsnähe große Elektrogeschäfte existierten wie der Fröschl und insbesondere Radio RIM, einst das größte Fachgeschäft im deutschen Reich, weil es die Teilzahlung für Rundfunkempfänger und Grammophone eingeführt hatte. Dass sich heute die Errungenschaften modernster Elektronik gerade in dieser Gegend ballen, entspricht also einer Tradition, die sich gar bis ins 19. Jahrhundert zurückverfolgen lässt: In der Landwehrstraße 31, wo heute die Bäckerei Maurer mit goldenen Lettern firmiert, befand sich die erste Werkstatt von Carl August Steinheil (1801–1879); der geadelte Ministerialrat – ein Mondkrater und Straßen in mehreren Städten führen den Namen dieses Universalgenies – entwickelte unter anderem den Morsetelegrafen, das Teleskop, das Spiegelteleskop, ein Uhrensystem sowie eine Kamera aus Papprühren, von der die ersten Fotos der Frauenkirche stammen.

Fotoapparate, die bis über hundert Jahre alt sind, verkauft und repariert Gerard Wiener in seinem ziemlich chaotisch anmutenden Laden neben dem Restaurant Istanbul. Der Franzose hatte sich schon 1973 im Münchner Bahnhofsviertel einquartiert. Er ist heute der Einzige in ganz München, der mechanische Teile für museumsreife Lichtbildkameras auf der Drehbank herstellen kann. Alte Leicas sind bei Kunden aus Katar und umliegenden Emiraten besonders gefragt. Ein bisschen stören Herrn Wiener allerdings die komplett verhüllten Kundinnen. Könnten sich ja mal böse Absichten dahinter verbergen, argwöhnt er. Das Verbot des Gesichtsschleiers in seiner französischen Heimat findet er nicht unbedingt verkehrt. Grundsätzlich aber steht der jüdische Händler auf „totale Toleranz" in der kleinen Völkergemeinschaft seiner engeren Heimat.

Früher einmal gab es mehr solche kleine jüdische Läden im Kietz. Heute ist das südliche Bahnhofsviertel, so sieht es der Vereinssprecher und Rechtsanwalt Serdal Antuntas, eine „kleine internationale Ansiedlung mit großem Gewerbepark". Überall läuft das Geschäft prima. Die Filiale der Deutschen Bank an der Ecke Senefelderstraße soll die umsatzstärkste in ganz Deutschland sein. Und die Städtische Sparkasse in der Schwanthaler spekuliert wohl auf zusätzliche Kundschaft, indem sie ein paar Räume an Beate Uhse vermietete.

*Die Schwanthalerstraße am Abend.*

Wichtiger als die Erotik aber ist hier doch die Elektronik. Die Internet-Cafés, Call Centers, elektronischen Bastelstuben, Foto- und Handy-Läden außer Acht lassend, zählt David Lindner, der seit 1989 im Viertel tätig ist, in seiner unmittelbaren Umgebung acht große Computer-Handlungen auf, was er mit ähnlichen Stadtvierteln in New York, Tokio und Taipeh vergleicht. Allein bei Holzinger finden Nerds derzeit nahezu 95.000 verschiedene Halbleiter, und es werden immer mehr. Im Übrigen ist die nach dem Bildhauer der Bavaria benannte Straße, die abends im Lichterglanz ein bisschen amerikanisch aussieht, so türkisch und exotisch wie die beiden Dichterstraßen und wie die Landwehrstraße.

## Die Landwehrstraße

Parallel zur Schwanthalerstraße verlaufend, schließt sie das Bahnhofsviertel gen Süden ab. In der Landwehrstraße hat sich in jüngster Zeit der Nahe Osten angesiedelt. Es kamen Flüchtlinge aus den Kriegsländern Irak, Afghanistan und Syrien, berichtet Stefan Wimmer, der die Orient- und Asienabteilung der Bayerischen Staatsbibliothek betreut. Auch sind Menschen mit viel Geld aus den Golfstaaten zugezogen; manche hatten zuvor als Gesundheitstouristen schon die Kliniken im Nachbarviertel schätzen gelernt, weitere werden jetzt von Spezialreisebüros beworben. So wurde die Dominanz der Türken allmählich von einer neuen Einwandererschicht „überlagert", stellt der Orientologe Stefan Wimmer fest. Spannungen bleiben da nicht aus.

Auf einer Länge von knapp einem Kilometer reiht sich inzwischen speziell in der Landwehrstraße ein arabisches Restaurant an das andere. Der Verwandlungsprozess ist zu erkennen an der Beschriftung der Läden (wobei das Wort „Halal" anzeigt, dass die Speisen nach muslimischem Ritual zubereitet sind) und an den Männern mit langem, weißen Gewand (das Dishdashe oder Dschalabija heißt). Die Frauen tragen Plastiktaschen und meist Gesichtsschleier (Hidschab), einige auch den Schleier (Nikab), aus dem nur die Augen herausgucken. Immer öfter sieht man den Tschador, das schwarze Ganzkörpergewand. An diesem Ort können sich Muslima selbstbewusst und ungestört „vermummen". Einige Herren sitzen indes an Teetischen auf dem Gehsteig und saugen an der Wasserpfeife. Acht Euro Leihgebühr kostet es pro Stunde, das deutsche Rauchverbot darf ignoriert werden. Zwei turkmenische Brüder aus dem Irak backen am laufenden Band knusprige Fladen. Biodanza bietet in einem Hinterhof Kurse für ökozentrische Kultur.

In der Landwehrstraße 55 residiert Münchens neuer Immobilienkönig: der türkische Kurde Ibrahim Kavun. Er soll seine Karriere als Kanalarbeiter begonnen haben. Heute besitzt er im Bahnhofsviertel nicht weniger als fünf luxussanierte Hotels, zwei Casinos und ein Hamam („Sultan" heißt eine der Behandlungen in dem türkischen Bad), dazu 8.000 Wohnungen und Villen in der Stadt, dazu drei Luxushotels in Garmisch-Partenkirchen, dazu viele Ferienwohnungen. Herr Kavun, so informiert seine Homepage, habe „die Gruppe innerhalb von 25 Jahren zielstrebig aufgebaut".

*Blick von der Landwehrstraße zur Paulskirche.*

Der dominierenden Paulskirche zu gewinnt die Landwehrstraße, die nach der Reserve der Bayerischen Armee benannt ist, ein ganz anderes, ein ausgesprochen adrettes Gesicht. Dort ist zum Beispiel ein Verein zur Erforschung und Vermeidung der Umweltbelastung ansässig, dazu die Landesstelle für Gesundheit sowie die Bayerische Akademie für Suchtgefahren.

### Die Dachauer Straße

In grellroter Neonschrift leuchtet Passanten an der westlichen Bahnhofsecke die „Erotic World" entgegen. Die Dachauer Straße hatte schon Ende des 19. Jahrhunderts einen Ruf als rot flimmernde Amüsiermeile (siehe im Kapitel „Das Vergnügungsviertel"). Dieser Ruf wurde nach dem Zweiten Weltkrieg derart erneuert, dass das Goethe-Institut für seinen Neubau an der Dachauer Straße schamhaft eine falsche Adresse wählte; allerdings nicht des Rotlichts wegen, sondern aufgrund der Konnotationen mit der namengebenden Gemeinde Dachau. Man wollte deutsche Kultur im (damals noch teilweise feindseligen) Ausland ungern unter einem Straßennamen verbreiten, der an ein Konzentrationslager erinnerte. Inzwischen firmiert man aber doch unter Dachauer Straße 122. „Goethe", wie die Mitarbeiter ihren Arbeitgeber nennen, liegt freilich weit außerhalb des Bahnhofsviertels: Die Ausfallstraße ist immerhin 7,6 Kilometer lang.

Sie geht denn auch gleich hinter der Erotikwelt in die Orientwelt über und gleicht insoweit den Dichterstraßen auf der anderen Bahnhofsseite. In Nr. 2 verbirgt sich hinter einer scheußlichen Neubaufassade ein Vier-Sterne-Haus mit dem seltsamen Namen „Batu Living Hotel". Außen pfui, innen hui. Im ersten Stock sitzt der Manager Bayram Akca in einem Interieur aus der Gründerzeit, das die Bomben übrig gelassen hatten. Eine schwarze Balkendecke, christliche Heilige und fromme Sprüche in gotischer Schrift umgeben den Moslem. „Alle Religionen sind gleich gut", sagt Akca.

Auch er war 1973 mit dem großen Treck aus Istanbul eingetroffen, wo er Bankkaufmann gelernt hatte. In der Schwanthalerstraße machte er den ersten türkischen Friseursalon auf, zu dessen Stammkunden noch die Grünen-Ikonen Petra Kelly und General Gert Bastian gehörten. Inzwischen besaß oder managte er in München vier Hotels, das letzte hat sein Partner an einen russischen Investor verkauft. Einen Friseursalon, ein Internet-Café und ein auf die Golfstaaten spezialisiertes Reisebüro betreibt Akca noch nebenbei im Erdgeschoss seines „Lebendigen Hotels", dort, wo die Dachauer Straße allzeit höchst lebendig ist.

Noch eine weitere kleine Kolonie hat der Orient im Norden des Hauptbahnhofs gegründet: In der Dachauer Straße und Umgebung betreiben Migranten aus dem Iran eine Kette von persischen Läden und Restaurants. Welten trennen diese von der Überfülle billiger Döner- und Asian-Food-Buden. Im Untergeschoss des „Pars" beispielsweise kann man, während ein blau gekacheltes Wasserbecken sprudelt, auf einem Diwan sitzend vor

*Die Erotic World.*

*Eingang zu einer Tabledance-Bar.*

einer Teppichwand so fremdartige Gerichte genießen wie Halimbadendjan: gebratene Auberginen mit weißen Bohnen, Safransauce, Pfefferminzröstzwiebeln und persischen Fladen. Zubereitet vom Chef selbst, der dann aber schnell weg muss, um ein anderes Objekt zu betreuen.

Shahab Echtiari war 1979 aus dem Iran ausgewandert, mit zahlreichen Angehörigen seiner Religionsgemeinschaft. Sie nennen sich Zoroastrier und gelten gemeinhin als „Feueranbeter". Diese Migranten sind weder Araber noch Muslime, sie hatten deswegen ihre Probleme mit der intoleranten islamischen Revolution. Im Münchner Exil, mitten im Kosmos von Münchens Main Station, fallen sie nicht auf. Der Perser-Keller befindet sich genau dort, wo einmal die beliebteste Singspielhalle der Stadt stand (siehe im Kapitel „Das Vergnügungsviertel"). Das Grundstück, auf dem außerdem die Ibis-Hotelkette eine Dependance hat, gehört heute Dr. Erich Prinz von Lobkowicz, der unter anderem im Sudhaus seines Schlosses in Maxlrain sechzehn verschiedene Biere braut.

In einem der Lobkowicz-Häuser in der Dachauer Straße hat der Europa-Abgeordnete Bernd Posselt sein Hauptquartier aufgeschlagen, wo er – den bösen Zungen den „ausländerfeindlichen Sprecher der CSU" nennen – seine Kampagnen gegen die Aufnahme der Türkei in die EU und deren „rot-grüne Lobby" in Straßburg steuert. Zwei Stockwerke höher bietet Thomas Benchakroun, dessen Vater in Marokko geboren wurde, mit seinen Mitarbeitern Übersetzungsdienste für nicht weniger als 55 Sprachen an, von Amharisch bis Zulu. Eine Palette, die ungefähr dem Völkergemisch in diesem Viertel entsprechen könnte.

# Der Bahnhof

## Dom und Drehscheibe

Schon vor dem großen Bahnhof hatte München eine Eisenbahn. Sie ratterte erstmals am 4. Oktober 1840 „unter dem beständigen Jauchzen der dichtgedrängten Zuschauer, dem Donnern der Böller und dem Spiel der Musikchöre" aus dem „stillen, verlegenen Dörfchen" Lochhausen nach Augsburg, nachdem schon ein Jahr zuvor ein „bewunderter Eisenstrang" von München nach Lochhausen in Betrieb gegangen war. Die Abfahrtsstation befand sich auf dem Marsfeld, in Höhe der heutigen Hackerbrücke. Sie bestand aus einer Holzbaracke mit zwei „Cassa Hütten", zwei Gleisen, zwei Drehscheiben und einem Maschinenhaus für die Lokomotiven. Immerhin 400 Fahrgäste wurden täglich per Fiaker vom „Carls Thore" dorthin kutschiert. Ostern 1848 brannte das Provisorium vollständig nieder.

> *„Wir dürfen jetzt auch von Eisenbahn mitsprechen, wir München-Augsburger. Wir besitzen nicht nur das Komitee, lange genug unser einziges Unterpfand, sondern auch wirklich die eisernen Spuren seiner Tätigkeit auf viele Stunden weit, wenn auch nicht auf der Strecke, die erst im Oktober fertig werden soll. Wir freuen uns herzlich darüber, zunächst nicht wegen der kommerziellen Folgen, die sich allerdings unter Hinzudenken eines Schienenweges von München nach Salzburg und Triest, von Augsburg nach Nürnberg und Norddeutschland ins Unermessliche spinnen lassen, sondern weil wir den Weg zwischen beiden Städten für langweilig halten und also froh sind, schnell darüber wegzukommen."*
>
> LUDWIG STEUB (1812–1888)

Den längst geplanten Neubau übernahm der Kgl. Oberbau- und Generaldirektionsrat Friedrich Bürklein, ein Schüler von Friedrich Gärtner, dem Chefarchitekten König Ludwigs I. Dieser erkor als Standort höchstpersönlich die Schießstätte, wo nur die von der Feuerschützengesellschaft betriebene Ausflugsgaststätte weichen musste. Binnen zwei Jahren baute Bürklein nach Pariser Vorbild erstmals in Deutschland eine stützenfreie Tonnenhalle, die einer romanischen Basilika ähnelte. Die „Perronhalle" maß 111 Meter Länge und 20 Meter Höhe. Sie hatte Rundbogenfenster, fünf Gleise und einige Beamtenwohnungen. Die Fassade war mit gelben und roten Ziegeln verblendet.

*Centralbahnhof zur Reisezeit im Jahre 1904.*

Bahnhöfe galten damals als die „Dome der Neuzeit". Auf jeden Fall war dieser sogenannte Centralbahnhof das erste großtechnische Bauwerk der Haupt- und Residenzstadt,
die bei seiner Inbetriebnahme am 1. Oktober 1849 etwas über 100.000 Einwohner zählte.
Das Wunderwerk besaß sogar eine Warmwasserheizung, Gasbeleuchtung sowie eine
Schlaguhr, deren Zeigerstand über ein 130 Meter langes Gestänge in die Wartesäle übertragen wurde.

### Immer wieder neu

Schnell aber erwies sich der Eisenbahndom als viel zu klein. 1.500 Reisende täglich drängten schon bald nach dem Start in die kohlenschwarz rauchenden Züge, die zunächst nur
bis Landshut dampften. Bis 1894 wuchs die Bevölkerung auf über 400.000. Zugleich
erblühte der Fremdenverkehr. In einem „Buch für Alle" hieß es 1897: „Die Alpen sind
Mode geworden, und was das für den Verkehr bedeutet, kann nur der richtig ermessen,
der sich während der Hundstagsferien im Münchner Centralbahnhof aufstellt, wenn die

*Alte Ansichtskarte vom Bürklein-Bau.*

Sonderzüge aus Norddeutschland einlaufen. Oft kommen vier bis fünf an einem Tage an, und jeder bringt 500 bis 800 Berliner und Sachsen mit, die alsbald die Isar-Residenz überschwemmen und sich am nächsten Tage stromweise in die Alpenthäler stürzen."

Des Massenstroms wegen – und auch weil sich die Verkehrstechnik rapide entwickelte – musste der Hauptbahnhof, wie er ab 1904 amtlich hieß, immer wieder umgebaut, erweitert und verbessert werden, etwa durch die erste Elektrobeleuchtung einer Bahnhofshalle im Deutschen Reich. Und allzu oft wurden großartige Projekte entworfen und wieder verworfen, weil meistens das nötige Geld fehlte.

Realisiert wurde immerhin eine „Beflügelung" des Zentralbaus: 1893 wurde, ebenfalls noch in Holz, auf der Nordseite der Starnberger Bahnhof angebaut, der das erste elektrische Stellwerk Bayerns erhielt. 1922 entstand im Süden auf einem Gleisgelände, auf dem vorher die Bierzüge rangierten, ein zweiter Flügel, der Holzkirchner Bahnhof. So wurde Münchens Hauptbahnhof zum größten in Deutschland und zum Modell für den dann noch etwas größeren Frankfurter Bahnhof.

Nicht verwirklicht indes wurde die seit 1889 immer wieder diskutierte Verlegung nach Westen. Früh schon geplant waren ein Abstellbahnhof, ein Eilgutbahnhof, ein Rangierbahnhof. Zeitweise gab es zwei große Empfangsgebäude: einen Staatsbahnhof und einen Ostbahnhof. Wo vorher schon ein Übergang für Fußgänger und Fuhrwerke den Schienenstrang überquert hatte, wurde 1891/92 auf 29 Stahlstützen mit einer zehn Meter breiten Fahrbahn aus fugenlosem Beton die Hackerbrücke gespannt, ein frühes und bis heute ansehnliches Beispiel dieser Mischbauweise.

Die Jahrhundertwende führte die elektrische Straßenbahn zur Eisenbahn. Über Nacht ersetzte das neue Verkehrssystem, zunächst „Tramway" genannt, die zahlreichen Lohnkutschen. Auf dieses Gewerbe hatte bis dato die Firma Krenkel ein gewisses Monopol. Ihr Kontor fand sich gleich beim Bahnhofsausgang Ecke Schillerstraße. Bekannt war ein Franz Xaver Krenkel schon vor der Eisenbahnzeit – durch seinen Spruch „Wer ko, der ko" (soll er dem König zugerufen haben, als er ihn mit seiner Kutsche unbotmäßig überholte).

Im August 1914 dampften Tag für Tag 70 bis 100 Züge voller Soldaten im Hauptbahnhof ab. Truppenverladung hieß das. Bald nach dem Ersten Weltkrieg tauchte auch schon der Plan einer streckenweise unterirdischen und somit schnelleren Provinzbahn auf, bis zu deren Verwirklichung dann aber noch gut ein halbes Jahrhundert vergehen sollte. Eine ebenfalls geplante Untergrundbahn mit einem 1.900 Meter langen Tunnel unter der Theresienwiese sowie die Bebauung des frei werdenden Bahngeländes mit Hochhäusern fielen schnell der Weltwirtschaftskrise zum Opfer.

## Hitlers Bahn-Wahn

Der schlimmsten deutschen Katastrophe, dem Zweiten Weltkrieg, fielen die aberwitzigen Planungen Hitlers zum Opfer. Alle Bauprojekte, die von den Nazis und die überhaupt jemals für München ersonnen worden waren, stellte die sogenannte Große Straße in den Schatten. Diese acht Kilometer lange und 120 Meter breite West-Ost-Achse sollte vom Stachus bis zur projektierten Autobahn-Spange Stuttgart-Lindau führen. An der Stelle des verschobenen Hauptbahnhofs hatte Chefarchitekt Albert Speer ein „Denkmal der Bewegung" entworfen. Der 212 Meter hohe Obelisk sollte mit sogenanntem V-2-Stahl verkleidet und mit dem Reichsadler gekrönt werden; im Sockel wollte Hitler die „Blutfahne" vom Novemberputsch 1923 aufbewahren. In Flügelhallen sollten sich die deutschen „Gaue" präsentieren. Entlang dieser größten Prachtstraße des Reiches sollten im neoklassizistischen Stil neben vielen Parteizentralen entstehen: die größte Oper der Welt mit Opernhotel und Restaurants, ein Operetten-Theater, zwei Großkinos, ein Bierpalast, Schwimmhalle, Stadthalle und sogar Thermen.

Der zentrale Bahnhof, mit U- und S-Bahn-Anschluss, wäre unter einer gewaltigen Aluminiumkuppel (285 Meter Durchmesser, 141 Meter Höhe) nahe der Friedenheimer Brücke neu erstanden. Zwei Türme sollten den NS-Monsterbau flankieren: einer für ein „Kraft-durch-Freude-Hotel", der andere für den Parteiverlag. Im Westen wäre die Prachtstraße durch ein „Forum der SA" und ein „Burgunder Tor" abgeschlossen worden. Den Opernplatz sollte eine Nord-Süd-Achse kreuzen, wobei die Theresienwiese wohl zum größten Aufmarschplatz Deutschlands geworden wäre und die größte Messehalle der Welt bekommen hätte. Zur Lindwurmstraße hin wäre eine monströse Versammlungshalle entstanden und hinter dem neuen Südbahnhof die „KdF-Stadt".

*Neuer Hauptbahnhof sowie Hochhäuser eines KdF-Hotels (links) und des Eher-Verlags (Zentralverlag der NSDAP) in einem Lindenholz-Modell von Josef Mehringer, Maßstab 1:5000. Das Modell befindet sich im Münchner Stadtmuseum.*

Auf persönlichen Führerbefehl sollten vier Gleise mit einer Spur von drei Metern im Zentrum der normalen Fernbahntrasse verlaufen. Dieses Projekt ging als „Reichsspurbahn" unrühmlich in die Verkehrsgeschichte ein: Bis zu 1.200 Meter lange Züge mit 41 Meter langen Wagen sollten nach dem Endsieg zwischen Spanien, St. Petersburg und Donezk rollen, später vielleicht bis Afghanistan und Indien, München wäre Drehscheibe geworden. Für Personen waren doppelstöckige Wagen vorgesehen, einige mit Wannenbädern, Friseur, Kino – und Flak. Für einen „Ostarbeiterzug" genügte eine primitivere Ausführung, aber mit Großküche. An „Hitlers Spielzeug", wie überforderte Ingenieure spotteten, wurde noch bis 1945 gearbeitet.

Durch die Verschiebung des Hauptbahnhofs um vier Kilometer wären 800.000 Quadratmeter Baugrund gewonnen worden. Dort nun, zwischen Landsberger- und Arnulfstraße, sollte ein neues Geschäfts- und Vergnügungszentrum heranwachsen. Vorgesehen waren an dieser „Lebensstraße Münchens" unter anderem ein Großvarieté, Premierenkinos, ein großes Konzerthaus mit vielen kleineren Sälen für Faschingsbälle, Ausstellungen und Künstlerateliers zur Herstellung von 20 Meter hohen Friesen für all die Weihe- und Lusttempel. Außerdem war gedacht an einen Eislaufpalast, ein Haus des Verkehrs, zwei Ausstellungshallen für die Autoindustrie, eine Zentralbadeanlage und eine Reihe erstklassiger Hotels.

Beginnen wollte die Sonderbaubehörde dieses größte Münchner NS-Projekt im Jahr 1940, wie der damals neue (und noch nach 1945 im selben Amt tätige) Stadtbaurat Karl Meitinger im Oktober 1938 dem Oberbürgermeister Karl Fiehler vortrug. Noch war mit den Großbrauereien und anderen Grundbesitzern, mit Reichsbahn und Reichspost zu verhandeln. Im Juli 1941 waren tatsächlich 2.484 Deutsche, 1.983 „Fremdarbeiter" und 1.507 Kriegsgefangene im Einsatz. Tag und Nacht sollte geschuftet werden. Nach Hitlers Anweisung sollten die „Große Straße" und ein auf der Theresienwiese geplantes Ausstellungsgelände für die „Weltschau 30 Jahre NSDAP" im Jahr 1950 fertiggestellt sein.

## Die Materialschlacht

Im Jahr 1950 aber sah Münchens einst so stolzer Hauptbahnhof ganz anders aus. Durch 112 gezählte Bombentreffer waren im Direktionsbezirk fast zwei Millionen Kubikmeter umbauten Raumes zerstört. Das entsprach einer Stadt mit 15.000 Einwohnern. Zuerst musste die Reichsbahn den Schienenverkehr und sämtliche Sicherheitsanlagen wiederherstellen, was nicht weniger als drei Milliarden Mark verschlang. Dann wurden die Ruinen abgeräumt, nur die Eisenstützträger blieben stehen. Bis Juli 1949 war, mit einem Kostenaufwand von weiteren 13,5 Millionen Mark, ein Viertel der Gebäude wieder aufgebaut. Insgesamt waren bis dahin verbaut: viereinhalb Millionen Mauersteine, 1,7 Millionen Dachziegel, 120.000 Quadratmeter Glas und 700.000 Tonnen Stahl. Das Geld für die Hochbauten hätte für 2.000 Zweifamilienhäuser gereicht. Eine gewaltige Material-schlacht.

Bis 1957 dauerte allein die Beseitigung der Trümmermasse. Nun erst konnten das Empfangsgebäude und der Starnberger Bahnhof, beide im Nierentisch-Stil der 1950er-Jahre, wieder aufgebaut werden, bis 1960 auch die Bahnsteighalle. Eine Baustelle blieb das in seiner Geschichte so oft umgestaltete Bauwerk weiterhin. Vom Bürklein-Bau ist dabei nicht viel übrig geblieben, zumal auch die Hauptfassade noch mehrmals verändert wurde. Doch konnte Münchens Hauptbahnhof, der größte Kopfbahnhof Europas, seine Bedeu-tung als Drehscheibe zum Süden und Südosten Europas zurückerobern. Wenngleich sich die mit dem Transrapid-Projekt verbundenen Erwartungen 2008 in Nichts aufgelöst und nötige Investitionen dadurch verzögert haben.

## München 21

Am 20. Juni 1996 präsentierten Oberbürgermeister Christian Ude, Bahnchef Heinz Dürr und Wirtschaftsminister Otto Wiesheu ein grandioses Projekt. Es trug den Arbeitstitel „München 21". Der Kopfbahnhof München, der nach Hamburg meistfrequentierte Bahn-hof Deutschlands, sollte zum unterirdischen Durchgangsbahnhof werden. Sämtliche Bahnflächen vom Hauptbahnhof bis zur drei Kilometer entfernten Friedenheimer Brücke im Stadtteil Laim sollten demnach aufgegeben und alle Züge, nicht nur die S-Bahn, in einem Tunnel geführt werden. Anstelle des abgebrochenen Zentralbahnhofs sollte ein Einkaufs- und Dienstleistungskombinat mit 400.000 Quadratmetern Geschossfläche ent-stehen, während anstelle der bislang 16 Gleisanlagen ein Grünzug und eine beiderseitige Randbebauung mit Hochhäusern geplant war.

Seinerzeit soll die Deutsche Bahn AG ähnliche Projekte für 25 deutsche Städte in der Schublade gehabt haben. Diese stützten sich im Wesentlichen auf die Leitidee „Renais-sance der Bahnhöfe", die vom führenden deutschen Architekturbüro Gerkan, Marg und Partner (GMP) in Hamburg stammte und auf der VI. Architektur-Biennale in Venedig propagiert worden war. Danach sollte die Verlegung von Bahnhofsgleisen in den Unter-grund durch den Verkauf von dann frei werdendem Bahngelände finanziert werden. Unter den damals angedachten Projekten war übrigens auch „Stuttgart 21".

Eine „wesentliche Finanzierungserwartung" sei mit der Umstrukturierung und Ver-marktung der nicht mehr für den Eisenbahnbetrieb erforderlichen Flächen verknüpft, verhießen denn auch die Münchner Interessenten. Bis dahin hatten Betrieb und Vorhal-tung der zum Teil schon lange nicht mehr genutzten Gleisanlagen die Bahn viel Geld gekostet. Auch schienen die langen Wege zwischen dem Hauptbahnhof und den alten, wenig ansehnlichen Flügelbahnhöfen den Massen der Reisenden nicht mehr zumutbar zu sein.

*Der Hauptbahnhof heute; der Bauzustand ist am Vorderdach erkennbar.*

In Diskussionen zur Münchner Machbarkeitsstudie aber haben sachkundige Kritiker das – wie sie zugaben – „auf den ersten Blick faszinierende Projekt" gründlich zerpflückt. Entweder es sei erfolgreich, argumentierten sie, dann ruiniere es die Geschäfte der Innenstadt. Oder es sei – bei stagnierender Bevölkerungszahl und hoher Arbeitslosigkeit – nicht erfolgreich, dann werde es zur Investitionsruine auch oder gerade für den Steuerzahler. Ihm habe man bei der Kalkulation wesentliche Neben- und Zusatzkosten verschwiegen, etwa für den Abbruch und Neubau des für 500 Millionen DM gerade neu gebauten ICE-Wartungszentrums. Bis zur Erörterung eventueller technischer Probleme kam man gar nicht mehr. Stillschweigend rückte die Bahn, inzwischen unter neuer Führung und unter finanziellem Druck, von ihrer Agenda ab, wobei sie sich auf Fahrgastprognosen für 2010 zurückzog.

Im Jahr 2001 strich die Bundesregierung das Projekt sang- und klanglos aus dem Bundesverkehrswegeplan. Ein Bahnsprecher räumte dem Projekt Stuttgart 21 einen „größeren

*Die Hackerbrücke.*

Stellenwert" ein, grundsätzlich aufgeben wollte man die Sache in München nicht. Chef-planer von Gerkan, für den 300 Architekten weltweit tätig sind, konnte sich nunmehr ganz auf Berlin konzentrieren: auf den Umbau des einstigen Lehrter Bahnhofs zu einer „Kathe-drale des Verkehrs", zum neuen, 700 Millionen Euro teuren Hauptbahnhof der Hauptstadt, dem größten Europas.

Die bitteren Erfahrungen mit „Stuttgart 21" ließen schließlich auch die obersten Bahn-hofsplaner in Frankfurt vor den riesigen Dimensionen zurückschrecken. Plötzlich, im Mai 2011, wollten sie sich mit einer kleineren Lösung begnügen, man hätte ja immerhin mit einer Bausumme in dreistelliger Millionenhöhe rechnen müssen. Dem Münchner Stadtrat wiederum erschien der bahnamtliche Rückzieher zu kleinlich. Er sprach sich im Septem-ber 2013 grundsätzlich für die Generalplanung eines neuen Empfangsgebäudes aus. Auch der große Bahnhofsplatz solle neu, nämlich autofrei gestaltet werden (siehe im Kapitel „Das Zukunftsviertel").

Statt eines neuen Zentralbahnhofs präsentierte Ude im September 2009 den modern-sten Busbahnhof Deutschlands als „neue Visitenkarte der Stadt". Jetzt war die Architek-turkritik des Lobes voll. Auf dem Gelände eines ehemaligen Container-Terminals an der Hackerbrücke überwölbt eine metallisch glänzende Halle die 29 Terminals. Täglich fahren vom Zentralen Omnibusbahnhofs (ZOB) etwa 160 Fernbusse ab; die Liberalisierung im Fernbusverkehr brachte einen gehörigen Schub. Inzwischen reicht das Netz von Rügen bis Rumänien. „Shopping Malls", Restaurants, Büros und ein Parkhaus durchziehen oben-drein die sieben Geschosse. 2014 wurde Münchens ZOB von Hochtief für einen zweistel-ligen Millionenbetrag an eine Tochter der Uni-Credit Bank verkauft.

## Ein ganz neuer Bahnhof

Auch der „alte" Hauptbahnhof, diese permanente Großbaustelle, ist immer noch impo-nierend genug, die Zahlen der Deutschen Bahn vom März 2014 sprechen für sich: Auf einem Gelände von 1,9 Kilometern Länge und 400 Metern Breite werden auf 32 Gleisen täglich rund 250 Züge des Fernverkehrs, 620 Züge des Nahverkehrs und 1.020 S-Bahnen bewegt. Sie verbinden München mit 360 Orten in Bayern und direkt mit mehr als 260 Städten im In- und Ausland. Täglich werden 420.000 bis 450.000 Reisende und Besucher hochgerechnet. Der Bahnhof ist obendrein eine Einkaufsstadt mit über 90 Geschäften, darunter vier Buchhandlungen. Die 1980er-Jahre brachten den letzten größeren Umbau, dabei wurde eine Galerie eingezogen.

Im Mai 2014 wurde nach dreijährigem Umbau das für 44 Millionen Euro sanierte und total modernisierte Untergeschoss des Hauptbahnhofs eröffnet. Ein besseres Leit-system mit Info-Monitoren und Lichtwänden, die raffiniert ihre Farben wechseln, lenkt nunmehr den eiligen Reisenden zu den Fernzügen, zu U- und S-Bahnen, Straßenbah-nen, Bussen und anderen Dienstleistungen. LED-Technik erzeugt ein Licht, das dem

Blick auf die Gleishalle. Im Hintergrund ist das Hotel „Deutscher Kaiser"

# Das Hotelviertel

## Luxus-Suiten und Notlager

Seit Jahrhunderten erfreut sich München eines regen Fremdenverkehrs. Vater und Sohn Mozart zum Beispiel vergnügten sich in der Oper und im Fasching („wir foppen die Leut miteinander"). Goethe besichtigte recht kritisch den Obstmarkt und die altrömischen Gipsköpfe im Antiquarium, dem ersten Museum nördlich der Alpen. Vom berühmten Bier und der Gemütlichkeit schwärmten so unterschiedliche Übernachtungsgäste wie Heine, Nietzsche, Lenin und Thomas Mann. Bildungsbürger aus aller Welt wurden

*Blick auf den Königshof, der eine umstrittene neue Fassade bekommen soll.*

magisch angezogen von den klassizistischen Bauten „Isar-Athens". Dessen Schöpfer, König Ludwig I., hatte auch die Idee für den ersten großen Hotelpalast, den Bayerischen Hof, und er proklamierte: „Niemand soll sagen, er kenne Teutschland, wenn er München nicht gesehen hat."

Die Hotels wurden immer zahlreicher, größer, auch höher. Einige warben außer mit „allem Comfort" auch mit der „Aussicht auf die Gebirge". Noch viel mehr Stadtbesucher oder Transitreisende spuckte ab 1864 der große Centralbahnhof aus. Weshalb nebenan und rundum weitere moderne Herbergen entstanden. Sie erstreckten sich bis hin zum freigeräumten Platz vor dem Karlstor, wo zuerst der uralte Stacherlgarten 1872 in das „Hotel Stachus" umgewandelt wurde, mit fünf Etagen und mehrräumigen Appartements.

### Über hundert Herbergen

Heute hat das Bahnhofsviertel der bayerischen Hauptstadt die stärkste Hoteldichte Europas. (In anderen Metropolen verteilt sich das Bettenangebot meist auf mehrere Bahnhöfe). Das Reservierungssystem www.booking.com bietet im Umkreis von 0,6 Kilometern vom Hauptbahnhof München nicht weniger als 96 Übernachtungsmöglichkeiten an. (Dazu wären noch die Hotels zu addieren, die bei diesem Online-Vermittler nicht gemeldet sind, sowie Pensionen und vielleicht auch einige nicht ganz legale Stundenhotels). Das heißt, dass annähernd 70 Prozent der gesamten Münchner Hotelkapazität auf ein Geviert von etwa einem Quadratkilometer konzentriert sind.

Zwar sind die meisten der mehr oder weniger gehobenen Herbergen, die früher dort standen und häufig den Beinamen „Hof" führten, im Zweiten Weltkrieg zerstört worden. Andere wurden später, weil sie zeitgemäßen Ansprüchen nicht mehr genügten, abgerissen, zweckentfremdet oder wiederaufgebaut, ohne städtebauliche Richtlinie. Das gilt insbesondere für die Frontreihe nördlich des Hauptbahnhofs und seines Starnberger-Bahnhof-Flügels. In einer neuen Dokumentation urteilt Heinrich Habel vom Landesamt für Denkmalpflege: „Die gesamte großstädtische Bebauung in Form des frühen Historismus fiel dem Bombenkrieg zum Opfer und wurde in den 50er-Jahren durch Hotel- und Büroneubauten vom damals dominierenden Typus – meist monotone Lochfassaden, Steildach – ersetzt."

Eine Ausnahme erkannte der Denkmalschützer nur beim Neubau des Hotels „Deutscher Kaiser", Arnulfstraße 2. Hier gab es schon seit 1864 eine Tafernwirtschaft „Zur Ostbahn", die anlässlich der Kaiserproklamation am 18. Januar 1871 zum Hotel wurde und den ehrenvollen Namen „Deutscher Kaiser" bekam. Was davon übrig blieb, wurde, nach allerlei Provisorien, 1994 abgerissen, um Platz zu machen für ein modernes Hotel, das erste und bisher einzige Hochhaus im weiten Umkreis. Die Besitzer wechselten seither so oft wie die Umbauten und die Namen.

Hotel Deutscher Kaiser, München

*Das Hotel „Deutscher Kaiser" früher.*

Neben dem alten „Kaiser" erwarb im Jahr 1890, als die Salzstraße nach dem jüngsten Sohn des Prinzregenten in Arnulfstraße umgetauft wurde, der Kaufmann Carl O. Wolff aus Plauen ein Grundstück, um ein Hotel im Jugendstil zu errichten (zeitweise war ein Nachbarhaus mit dem seltsamen Namen „National-Stimmen" integriert). In den 1920er-Jahren machte die Familie Stengel das „Eden Hotel Wolff" zu einem beliebten Treffpunkt der Münchner Gesellschaft. Nach Kriegszerstörung und provisorischer Nutzung erstand 1956 auf Nr. 4–6 ein Neubau, der auch ein „Europa-Filmtheater" umschloss und mehrmals von sich reden machte: In der Zirbelstube diskutierte und stimulierte die „Touristische Montagsrunde" den Aufstieg des bayerischen Fremdenverkehrs. In Zimmer Nr. 435 wurde der in Frankreich zum Tod verurteilte Oberst Argoud am Rosenmontag 1962 von zwei Agenten entführt. In Zimmer 330 bereiteten arabische Terroristen den Anschlag auf die Olympischen Spiele 1972 vor.

Der nächste Block, Ecke Hirtenstraße, war einmal das sehr moderne „Grand Hotel Grünwald", dem ein in Neuhausen engagierter Immobilienbesitzer seinen Namen gab. Der Riesenbau hatte immerhin 300 Betten und schon einen „Autopark"; in einer oberen

*„Eden Hotel Wolff" in vergangenen Tagen.*

*„Hotel Grünewald", inzwischen verschwunden.*

*Das Hotel „Goethe".*

Etage hatte sich die fromme Chefin eine Privatkapelle einbauen lassen. Im Siegesjahr 1871 erstand nördlich des Bahnhofs ein weiteres Hotel, das zuerst „Zu den drei Mohren" hieß, dann aber den Nachnamen des Besitzers Michael Schottenhamel annahm. Beliebt war es besonders beim Militär. Die Familie betrieb auch ein Zelt auf dem Oktoberfest, wo sie das Märzenbier und die Bewirtung von Prominenten einführte. Schließlich gab es in der vorderen Arnulfstraße, wo vordem nur drei Salzläger existierten, noch das „Central Hotel" und den „Sächsischen Hof".

Im Süden wurde der Hauptbahnhof, entlang der Bayerstraße und ihren Nebenstraßen, ebenfalls von einer Reihe stattlicher Herbergen flankiert. Da stand seit 1900 der „Europäische Hof", der seit 1931 sogar ein von den „Schwestern der Heiligen Familie" betreutes Hospiz umschloss und 1960 wieder eröffnet wurde. Nicht mehr existent ist das 1902 eröffnete „Terminus", das der renommierte Architekt Martin Dülfer im Jugendstil umgebaut und mit Mosaiken geschmückt hatte, während sein Mitarbeiter Paul Ludwig Troost (der später Kolossales für Hitler entwarf) bei der Inneneinrichtung mitwirkte. Angesiedelt waren hier auch der „Schwarze Adler", das „Weiße Rössl", das „Goldene Lamm", der „Kaiserhof", das „Gassner" mit seinem Aquarium, das „Hotel Stadt Wien" mit seinem ungemein populären Tanzcafé und das „Excelsior", wo sich 1945 amerikanische Offiziere einquartierten.

Gerade in jüngster Zeit nun sind rundum international konkurrenzfähige, meist luxuriöse Hotelneubauten wie Pilze aus dem Boden geschossen. Weltkonzerne sind unter den Investoren ebenso wie tüchtige Münchner Türken und Geldgeber aus den Golfstaaten. Die neuesten und teuersten Neubauten säumen vorzugsweise wiederum die Bayerstraße, die nach dem hiesigen Volksstamm benannt ist und ganz früher eine der großen Ausfall-Chausseen war.

### Kamelmilch für Scheichs

Diese neue, durchaus interessante Bettenlandschaft ist auch Thema öffentlicher Präsentation geworden. Von „Stattreisen" kann man sich zu den Nobelherbergen führen lassen. Und für die Volkshochschule zeigt Kathrin Wickenhäuser beispielhaft einige Übernachtungsstätten speziell in Bahnhofsnähe. Das soll nicht zuletzt der Imagepflege dienen. Kathrin ist nämlich die Tochter des schon erwähnten Professors Dr. Fritz Wickenhäuser, der dem 2010 gegründeten Verein Südliches Bahnhofsviertel sowie dem um das Stadtbild bemühten Münchner Forum vorsteht. Kathrin präsentiert natürlich zuerst mit Stolz das eigene Hotel „Cristal", das ab 1912 ein Autosalon war (wie etliche andere Gebäude

*Das „Le Méridien" setzt neue Maßstäbe.* ▶

ringsum) und 1987 architektonisch geschickt umgestaltet wurde. Ihre Urgroßmutter Elsa war übrigens die erste Bergrennfahrerin.

In Stoßzeiten wie während des Oktoberfestes verlangt „Le Méridien", auf dem Gelände des einstigen Hotels „Terminus" erbaut, einen vierstelligen Euro-Betrag – pro Nacht natürlich. Kein Problem, viele Gäste dieses Luxushotels mit dem südlich anmutenden Namen kommen aus den Golfstaaten. Die stört auch nicht das orientalische Ambiente unten in der Goethestraße, im Gegenteil. Sie erquicken Marmorbäder und Massageduschen, sie können sich im 750 Quadratmeter großen Spa oder im grünen Innenhof entspannen. Falls so einem Gast eben mal nach Kamelmilch dürstet, holt es der Service schnell vom Tierpark Hellabrunn. Den Harem bringt der eine oder andere Scheich gleich selbst mit.

Bald nach dem „Le Méridien" eröffnete 2004 wenige Schritte entfernt ein anderes französisch inspiriertes Fünf-Sterne-Hotel, das „Sofitel". Kein Neubau, sondern ein Umbau: Hinter den dicken Ziegelwänden befand sich früher das Königlich-Bayerische Hauptpostamt. Hier wurden noch bis 1993 die Briefe sortiert. Der Autor dieses Buches erinnert sich, wie er in der Halle als Schüler geplatzte Feldpostpäckchen wieder ordentlich einpacken musste. Drei Jahre lang wurde „entkernt". Erhalten blieben nur die denkmalgeschützten Außenmauern aus der Gründerzeit. Dahinter haben nun 339 Zimmer plus 57 Suiten Platz, dazu eine anspruchsvolle Bibliothek, eine postalische Sammlung und der mit 920 Quadratmetern größte stützenfreie Hotelsaal Münchens, da wird musiziert, getanzt und getagt. Im Foyer, einst Schalterhalle, kann ein künstliches Alpenglühen geschaltet werden.

### Neu im Angebot

Ebenfalls in der Bayerstraße, an der Stelle des abgerissenen Polizeigebäudes auf Nr. 35–37, erstand soeben eine weitere Niederlassung der Schörghuber-Gruppe, die bereits 22 Hotelimmobilien mit 2.000 Mitarbeitern in Deutschland und vier Urlaubsländern besitzt. Das achtstöckige Hotel der Design-Marke „Aloft" sollte im Frühjahr 2015 mit 184 preisgünstigen Zimmern eröffnet werden – „für die nächste Generation smarter und designbewusster Reisender" (was immer damit gemeint ist). Im Parterre will Kathrin Wickenhäuser mit einem Partner ein Speiselokal mit 300 Sitzplätzen betreiben. Sie will der traditionellen Münchner Gastlichkeit „einen zeitgemäßen Anstrich geben" und so zur Aufwertung des Viertels beitragen. Der U-Bahn-Ausgang Hauptbahnhof leitet die potenziellen Kunden direkt hinein.

Höhepunkt und zugleich Streitpunkt derzeitiger Planung ist indes das „Hotel Königshof", mit dem das Bahnhofsviertel im Osten, am Stachus, abschließt. Ein Haus mit langer Geschichte. Mitte des 19. Jahrhunderts war das Palais des Barons von Sternbach, Bayerstraße 25, ein Treffpunkt für zugewandte Literaten. Sie tranken nur Chocolade und feinen Bordeaux, denn der aus Holstein zugewanderte Dichter Friedrich Hebbel fand, dass in seiner Wahlheimatstadt „manche frostige Erscheinung mit dem Biertrinken in innigem Verhältniß steht". 1889 wurde aus dem Palais das „Hotel Bellevue", in dem vorzugsweise Hochadel abstieg. Nach Ausbruch des Ersten Weltkrieges wurde es in „Königshof" umbenannt, denn Französisch war fortan verpönt.

Die Oktoberfestwirte Karl und Anna Geisel erwarben die noble Immobilie kurz vor dem Zweiten Weltkrieg, der diese dem Erdboden gleich machte. 1950 konnte die nachfolgende Generation das wiederaufgebaute Haus als angeblich „modernstes Hotel Europas" wiedereröffnen und 1972 der olympischen Prominenz zur Verfügung stellen. Obwohl als „Symbol einer Bauepoche" unter Denkmalschutz stehend, soll das Haus jetzt auf Wunsch der vierten Geisel-Generation eine neue, sehr extravagante Fassade bekommen. Spanische Architekten planen eine „ausdrucksstarke Raumkaskade mit einer abwechslungsreichen Abfolge unterschiedlicher Lobby-, Aufenthalts- und Ausblickzonen". Eine von zwei neuen Etagen soll zur Gänze für Wellness und Sport eingerichtet werden. Die Kritiker sehen den Stachus zur Gänze verändert. „Eine blanke Provokation", meint der Verein der Altstadtfreunde und legte Unterschriftenlisten auf.


## Billigquartiere

Doch nicht nur in die Welt von Luxus und Schönheit lenkt Kathrin Wickenhäuser ihre Hoteltouristen. Immerhin hat das Bahnhofsviertel auch viele weniger betuchte Besucher und viele Problemzonen. Wenn einem jugendlichen Globetrotter selbst das „top rated Hostel" des Christlichen Vereins Junger Männer CVJM (ab 27,50 Euro) in der Schwanthalerstraße noch zu teuer ist, könnte er in einem Gästehaus absteigen, wo ihn Stockbett-Kammern für vier Schläfer erwarten. Hier wird den jungen Gästen täglich auch eine „Concentration Camp Memorial Tour" in Dachau angeboten. Zur Hotel-Runde gehört schließlich noch ein Besuch im Auffanglager eines Drogennotdienstes in einem Innenhof der Landwehrstraße, das Notquartiere bereithält (siehe im Kapitel „Das Sozialviertel"). Auch das gehört zur Gastlichkeit in der Münchner Bahnhofsgegend.

# Das Vergnügungsviertel

## Rotlicht und Rampenlicht

Der neue Centralbahnhof war kaum in Betrieb, da schossen ringsum nicht nur dringend benötigte Beherbergungs- und Beköstigungsbetriebe, sondern auch Bierhallen und Singspielhallen, Volks-, Varieté- und Operettentheater aus dem noch kaum besiedelten Brachland. Reisende, Pendler aus dem Umland, aber vor allem ansässige Bürger überwiegend

*So sieht es heute im Vergnügungsviertel aus.*

männlichen Geschlechts sowie Soldaten naheliegender Garnisonen bildeten ein lukratives Besucherpotenzial. München konnte sich nun eine Amüsiermeile leisten, eine Art Mini-Montmartre, eine Vorstufe des späteren Rotlichtmilieus.

So etablierten sich in der Schillerstraße ein „Moulin Rouge", in der Prielmeyerstraße ein „Chat noir" und ein „International". Wo später das große Telegrafenamt entstand, lockte der von Kastanien beschattete „Große Rosengarten" des Gastwirts Franz Hörl, auf dem späteren Hertie-Gelände das „Salzstädel", benannt nach den Lagerhallen, die dem Bahnhof weichen mussten. Bereits 1851 empfand ein Reporter der „Leipziger Illustrierten Zeitung" die Gegend um den Münchner Hauptbahnhof als „großenteils ungeziemend". Und 1873 bezeichnete die „Münchner Volkszeitung" die Schützenstraße gar als „Straße der Prostitution".

Seit dem für Bayern besonders siegreichen Frankreich-Krieg von 1870/71, der auch ein neues Stadtviertel beim Münchner Ostbahnhof hervorbrachte, blühte das bürgerliche Vergnügungsgewerbe beim Hauptbahnhof erst so richtig auf. In die Senefelderstraße Nummer 11 ½ (heute ein Neubau mit der Nr. 12) verlegte der zugezogene Bierhauspächter Erwin Binder sein zunächst in Schwabing befindliches „Theater in der Leopoldstadt". Er inszenierte Persiflagen auf aktuelle Ereignisse, etwa über die Adele Spitzeder, die nahebei in der Dachauerstraße ihre Schwindelbank betrieben hatte. Doch auch an den „Faust" und „die Räuber" wagte man sich heran; den Hamlet spielte der 70-jährige Direktor selbst. 1882 wurde er als „Parsifal" von der Bühne gepfiffen. Immer wieder wuchsen sich Lach-ausbrüche und Zurufe insbesondere angetrunkener Studenten zu Krawallen aus, oft rückte die Gendamerie an, die stets niedergeschrien wurde. Ordnungsstrafen wurden verhängt und Aufführungen verboten.

## Die Neue Bühne

Das Bühnenhaus in der Senefelderstraße, in der sich später auch ein stadtbekanntes Bordell etablierte, wurde zur einfachen Bierwirtschaft. In deren Tanzsaal brach gegen Ende des Ersten Weltkrieges die Kulturrevolution aus. Eine genossenschaftlich getragene „Neue Bühne" wollte dem Proletariat anspruchsvolle Schauspielkunst nahe bringen. Der Drama-turg hieß Oskar Maria Graf. Vorher hatte sich der Bäckersohn aus Berg am See als Liftboy, Postsortierer und Gelegenheitsdichter durchgeschlagen. Er wohnte im Bahnhofsviertel, erst für 30 Mark monatlich im „Hotel Kronprinz" in der Zweigstraße, dann zur Untermiete für 16 Mark in der Schillerstraße. In einem Hotel nebenan hörte er 1917 einen Kurt Eisner reden – und reihte sich unter die rote Fahne. Am Arbeitertheater nun bot ihm 1919 ein 21-jähriger Dichter ein Manuskript an. Sein Name war Bertolt Brecht. Er kam ebenfalls aus der „Provinz" und wohnte gleich um die Ecke, in der Pension „Tromer" in der Paul-Heyse-Straße 9. Graf musste das Stück ablehnen, weil die Feuerpolizei nur acht Personen auf der Bühne erlaubte.

Ohne ausgesprochen politisch zu sein, diente also die Neue Bühne doch einem politischen Zweck – zumindest im Gefühl und in den Augen der Arbeiter. Die Richtigkeit des Satzes: „Vereintes Einsetzen führt zum Ziel!" wurde hier jedem klarer.

Nach all den Niederschlägen der vergangenen Jahre schien hier etwas zu gelingen, das ganz dazu angetan war, das verloren gegangene Selbstbewusstsein und den erstorbenen Optimismus der Genossen zu stärken. Das war das Große an dieser kleinen Arbeiterbühne.

> *„Ich konnte also mit Recht bei einer Einführungsrede einmal sagen: ‚Nicht darauf kommt es uns, kam es uns überhaupt jemals an, die fünf oder sechs Theater unserer Stadt um ein neues zu vermehren. Nein, wir waren uns bewusst, als wir dieses Unternehmen schufen, dass etwas anderes, etwas völlig anderes geschaffen werden musste: eine Bühne, ein Kunstinstitut für den proletarischen Menschen schlechthin!'"*
>
> OSKAR MARIA GRAF in „Autobiographische Schriften"

Das personalintensive Drama „Trommeln in der Nacht" wurde dann in den Kammerspielen uraufgeführt. „Die Zeiten sind verdammt unsicher", hörten die eher bürgerlichen Besucher schon im ersten Monolog. In dieser Zeit wurde der erste republikanische Ministerpräsident Eisner ermordet. Die „Münchner Kammerspiele" befanden sich damals noch in Bahnhofsnähe, Augustenstraße 89, firmierten zeitweise auch unter dem Namen „Zum großen Wurstel" und boten neben alten Klamotten neuen Expressionismus sowie Sozialkritisches. Die Eröffnung mit „Varieté" wäre 1911 beinahe geplatzt, weil der Autor, Heinrich Mann, drei Tage zuvor, weil ihm der Name „Wurstel" missfiel, eine Einstweilige Verfügung beantragt hatte, die er aber doch wieder zurückzog. 1926 fusionierten die Kammerspiele mit Otto Falkenbergs Schauspielhaus in der Maximilianstraße. Die „Neue Bühne" hatte schon 1921 pleite gemacht.

## Das Thalia

„Ein Ort der Halbwelt mit Lebemännern und Damen in den Logen, die sich an leichtgeschürzten Offenbachiaden ergötzen." So schmähte der ebenfalls provinzielle Schriftsteller Karl Theodor von Perfall das 1873 in einem maurisch-chinesischen Mischstil gezimmerte, immerhin 1.400 Plätze fassende „Thaliatheater". In dem Holzbau an der prominenten Ecke Bayerstraße/Goethestraße (die noch viele Verwandlungen erlebte) trieb Prinzipal Emil Weinmüller das zeitgenössische Amüsement auf die Spitze. Jeden Abend stand eine Ope-

*Jeden Abend spielte das Thalia eine Operette.*

Bayerische Staatsbibliothek, München.

rette auf dem Programm; in „Tausend und eine Nacht" brillierte eine Schlittschuhtänzerin. Einer Indianerin verbot die Polizei den Auftritt, sie sollte über den Köpfen der Zuschauer auf einem Drahtseil tänzeln. Das Theater endete als Rollschuhbahn und wurde 1880 abgebrochen. Nebenan auf Nr. 17 bot ein Zelt mit 8.000 Plätzen „die größte Raubtierschau der Welt" sowie exotische Gastspiele, etwa von Arabern samt Schlangenbeschwörern.

### Der Zirkus Krone

Einen stationären Zirkus, der sich zehn Jahre später mit ebenfalls 8.000 und später gar 10.000 Sitzen und drei Manegen als der größte der Welt rühmen konnte, baute drüben auf dem Marsfeld ein gewisser Carl Krone, Sohn eines Menagerietheater-Besitzers in Osna-

brück. Die Premiere fand am 10. Mai 1919 statt, unmittelbar nach der blutigen Nieder-
schlagung des Münchner Räteregimes. 1923 bot sich der größte Versammlungsbau Münchens den Nationalsozialisten – Krone war frühes Mitglied – für ihren ersten
Reichsparteitag und für viele weitere Kundgebungen an, bis zur Vereidigung des „Volks-
sturms" vor Kriegsende. Danach hatten im wiederaufgebauten „Circus Krone" die Führer
der demokratischen Parteien das Wort. Im Übrigen bestritten das winterliche Programm
nach wie vor „Menschen, Tiere, Sensationen" – das ganz normale Zirkusprogramm eben.

## Das Apollo

Im „Hotel Münchner Hof" in der Dachauerstraße 19–21 machte der Gastwirt Ludwig
Schlecht 1896 ein sogenanntes Varietétheater mit 650 Plätzen auf. Das „Apollo" sollte zur
beliebtesten Gaudistätte der sinnenfrohen Stadt werden, die dank Zuwanderung nun
schon von einer halben Million Menschen bevölkert wurde. Auf dieser „Bühne allerersten
Ranges", wie sie plakatierte, erzählten oder sangen, von der Obrigkeit argwöhnisch beobachtet, die etwas arbeitsscheuen Bauarbeiter „Kare und Lucki" und andere g'spassige
Typen den kleinen Leuten vom Leben in der Vorstadt, die nicht selten ein kleinkriminel-
les Milieu kennzeichnete. Hier sind viele der Volkssänger, die man heute noch kennt,
groß geworden. Anderl Welsch, August Junker und Alois Hönle betätigten sich auch als

*Das Apollo war einmal die beliebteste Gaudistätte.*

Direktoren und Couplet-Dichter. Im „Apollo" hatten nicht zuletzt Karl Valentin und Liesl Karlstadt die meisten ihrer Triumphe. Ihr „Photoatelier" vom März 1929 war das Finale für das Theater, das einem Warenhaus weichen sollte. Nach dem Zweiten Weltkrieg versuchten die Komiker Oskar Paulig und Willy Vierlinger einen Neustart, aber Unterhaltung fand schließlich nur noch auf dem Niveau von Tischtelefonen statt. 1960 war endgültig Schluss. Der Bayerische Rundfunk führte die Volkssänger-Tradition in anderer Spielart weiter.

## Das Deutsche Theater

Am Rande des Bahnhofsviertels versteckt sich zwischen den beiden langen, orientalisch anmutenden Straßen das „Deutsche Theater" – wie am anderen Rand der „Circus Krone". Die sogenannte Schwanthalerpassage hat sich über all die Jahrzehnte als Ort eines der bedeutenden Revue-Theater Europas, aber auch als „Blamagepassage" einen Namen gemacht. Schon zur Premiere im September 1896 musste Architekt Alexander Bluhm das Geld für den Roten Teppich pumpen, und seither wechseln Pleiten, Schließungen, Notsanierungen, Bauverzögerungen einander ab, jedoch auch rauschende Publikumserfolge, mit ziemlich allen Namen, die in der heute Entertainment genannten Branche internationalen Glanz hatten, von der Baker bis zum Valentin. Seit Direktor Kurt Plapperer (Lion Feuchtwanger hat ihn im „Erfolg" verschlüsselt) das Musical importiert hatte, schien das zuvor durch Faschingsfeste, Komödienstadlgaudi oder gar Boxkämpfe mitfinanzierte Haus gegen Krisen gewappnet. Doch vergeblich suchte die Stadt, die den maroden Neubau mit Neorokoko-Relikten 1982 übernommen und so vorerst gerettet hatte, einen privaten Betreiber. Seit der opulenten Wiedereröffnung im September 2013 muss der stadteigene „Palast des Lächelns" (OB Ude) nun versuchen, das meistbesuchte Theater Münchens zu bleiben und nicht abermals in tiefrote Zahlen zu rutschen.

## Die Theatergemeinde

Von den 30 bis 50 Bühnen, die täglich in München bespielt werden, ist das Deutsche Theater das einzige, das heute noch im Bahnhofsbiotop gedeiht. Etliche neue Pflanzen blieben Versuche, blühten nur kurze Zeit oder schafften nie nennenswerte Öffentlichkeit. Beispielsweise das Theater für Kinder in der Dachauer Straße 46, das in einem ehemaligen Kino spielt, und das Theater im „EineWeltHaus", das mit einem Stück über jugendliche Asylanten immerhin den Deutschen Kindertheaterpreis 2012 erhielt. Einmal und nicht wieder, im April 2010, veranstalteten die Kammerspiele in einem Leerraum der Goethestraße 30 ein multikulturelles Projekt, eine Art Spurensuche, wobei etwa das Fitnessstudio

*Das Deutsche Theater nach dem jüngsten Umbau.*

von Arnold Schwarzenegger erforscht wurde. Im Jahr darauf fand ein Lesemarathon statt, mit 15 Autoren an 17 Orten des Viertels, in Kneipen ebenso wie in einem der zahllosen Friseursalons und im ungenutzten Elisenbunker. Viel erkennbare Kultur freilich haben die Befruchtungsversuche nicht hinterlassen.

An der buntesten und wildesten Kreuzung jedoch, zwischen Türken-Läden und Table-dance-Bars, hat sich eine Institution behauptet, die aus dem Münchner Bühnenleben nicht wegzudenken ist: die Theatergemeinde, Goethestraße 24. Sie wurde 1947 von fortschritt-lichen christlichen Gruppen um Paul Schallweg („Opern auf Bayrisch") und Stadtrat Toni Böck in einer Baracke der Landwehrstraße neu gegründet, nachdem die braunen Barbaren eine seit dem Revolutionsjahr 1919 agierende Vorläuferorganisation 1933 vertrieben hat-ten. Das Konzept ist einfach und sinnvoll: den Menschen auf gemeinnütziger Basis gutes Theater und dem Theater aufgeschlossene Besucher vermitteln, nicht zuletzt durch Eigen-veranstaltungen.

Die gemeinnützige Organisation mit immer noch rund 25.000 Mitgliedern öffnet sich neuerdings ganz bewusst: einerseits zur jüngeren Generation, andererseits zur Straße. „Wir wollen sichtbar sein in unserer Stadt, wir beziehen unsere türkischen und arabischen Nachbarn gerne ein – und fördern so die Kultur und das Publikum auch in unserem Bahn-hofsviertel", sagt Geschäftsführer Michael Grill. Man verteile nicht mehr nur einfach ver-günstigte Tickets, sondern möchte möglichst vielen Lust auf Kultur machen. Die Theatergemeinde mit ihrer nach dem größten deutschen Dichter benannten Adresse sieht sich durchaus einem westöstlichen Dialogs verpflichtet: Obwohl im christlichen Bildungs-bürgertum wurzelnd, hat sie zwei Stockwerke ihres Hinterhauses an eine Moschee ver-mietet.

# Das Justizviertel

Dr. jur. Andreas Boele schaut aus dem Fenster seines kleinen Büros und freut sich: „Hier, vom vierten Stock aus, habe ich den schönsten Blick auf den prächtigen Justizpalast und den Alten Botanischen Garten daneben; nicht nur zu den Sitzungssälen, sondern auch zu den Bibliotheken von vier Gerichten und des Justizministeriums habe ich nur ein paar Schritte." Obendrein liegt Münchens größte juristische Buchhandlung dem auf Medienrecht spezialisierten Rechtsanwalt zu Füßen.

Klar wie ein Gesetz in Idealfassung, dass sich rund um den Justizpalast so viele Anwälte niedergelassen haben. Unter ihnen berühmte Strafverteidiger und andere Rechtsvertreter wie beispielsweise Rolf Bossi, der sich „Fachanwalt für Lebensprobleme" nannte. Oder der erfolgreiche Steffen Ufer, der sich als eine Art Notarzt verstand. Oder der auch als Stadtrat engagierte Otto Gritschneder, der sich zeitlebens mit der juristischen Aufarbeitung der Zeitgeschichte abmühte (dem Urteil gegen den Putschisten Hitler von 1924 konnte er 25 Rechtsfehler nachweisen). Wegen der paar Schritte von der Kanzlei zum Tribunal, das für die Stars in der schwarzen Robe gern mal zur Bühne wurde, konnten sie auch ihre Referendare oder Sekretärinnen mit Akten schnell herüber holen, wenn es die Dramaturgie eines Prozesses erforderte.

### Spektakel im Justizpalast

Neben dem Hauptbahnhof selbst ist der Justizpalast augenscheinlich das dominierende Gebäude im Bahnhofsviertel geblieben, auch wenn er seine ursprüngliche Funktion, die unmittelbare Rechtsprechung in Strafsachen, verloren hat. „Einer der prachtvollsten Bauten, die in Deutschland je für die Dritte Gewalt geschaffen wurden", rühmt eine hauseigene Broschüre. Der Koloss erhebt sich auf dem Gelände des früheren Vorstadt-Schlösschens von Herzog Clemens Franz de Paula (1722–1770), wo sich nach dessen Ableben zunächst ein Vorstadttheater etabliert hatte. Das Kadettenkorps, das dort ab 1827 kaserniert war, musste 1886 durch Gesetzesbeschluss weichen.

Prinzregent Luitpold persönlich setzte sich dafür ein, dass Professor Friedrich Thiersch (1852–1921), der als Architekt von Monumentalbauten im ganzen Reich und in München besonders durch das Nationalmuseum bekannt war, mit dem Neubau beauftragt wurde; es sollte das wichtigste öffentliche Bauvorhaben in seiner Regierungszeit werden. Thiersch, der dafür auf den geplanten Wechsel von der Münchner zur Berliner Technischen Hochschule verzichtete, studierte die Architektur des Barock und, zusammen mit Justizminister Leopold Freiherr von Leonrod, die bedeutendsten Justizpaläste Europas.

Aufgrund dieser Eindrücke entwarf Thiersch einen 138 Meter langen und 80 Meter breiten Mehrzweckbau, doppelt so groß wie das Reichsgericht in Leipzig. Zum Gebäude gehörten ein gigantischer, von Amoretten-Gruppen bevölkerter Lichthof, zwei Innenhöfe, Marmorwandelhalle, Vestibüle, dekorativ gestaltete Gerichtssäle, Empfangshallen, Haftzellen, Büros, Wohnungen und Höfe – wofür der Landtag fast sechs Millionen Mark bewilligte. Dem Ganzen setzte der Architekt in 66 Meter Höhe die Krone auf in Gestalt einer vergoldeten Lichtkuppel aus Eisen und Glas und schmückte die Fassade durch allerlei symbolische Figuren. Die Figuren im Giebelfeld etwa verkörpern Unschuld, Gerechtigkeit und Laster.

Als das Gesamtkunstwerk – es gilt in Fachkreisen als bedeutendste Leistung der Justizarchitektur in Deutschland – nach siebenjähriger Bauzeit 1897 vollendet war, geriet die populäre Zeitschrift „Gartenlaube" geradezu ins Schwärmen: „Lange hat die an Kunstdenkmälern so reiche bayerische Residenz den eigentlichen Großstadtcharakter entbehrt; sie gewinnt ihn neuerdings durch eine Reihe monumentaler Prachtbauten, unter welchen der Justizpalast des Architekten Professor Friedrich Thiersch eine hervorragende Stelle einnimmt … als eine neue Zierde der so mächtig aufblühenden Isarstadt." Weil aber der stolze Neubau bald schon wieder zu klein war, um all die vielen Missetäter gebührend behandeln zu können, musste Thiersch nach 1906 ein „Neues Justizgebäude" anfügen, gotisierend, mit roter Backsteinfassade und zwei charakteristischen Uhrtürmen.

Wie es drinnen in der Paragrafenburg zuging, schilderten die „Münchener Neuesten Nachrichten" im Februar 1930: „In vier Stockwerken schweben die Verfahren. Parterre bietet das Amtsgericht die Plänkeleien der kleinen Leute. Laut und heftig geht es hier schon in der Frühe zu … 2. Stock Landgericht, das Publikum ist an sich nur in den Sälen der Ehescheidungen stark vertreten. 3. Stock Strafverhandlungen. Selten, dass der Eingang für das Publikum nicht den Zettel trägt ‚besetzt'. Wie Theatergäste studieren die Stammgäste den Aushang. Noch ein Stück höher ist das Oberlandesgericht, die Stätte der ausführlichen Verhandlungen auf wissenschaftlicher Basis."

## Willkür im „Volksgericht"

Manchmal gastierten noch höhere Instanzen im Münchner Justizpalast. Am 22. Februar 1943 verurteilte der Volksgerichtshof unter dem Nazi-Richter Roland Freisler unter der verschnörkelten Saaldecke die Geschwister Scholl und Christoph Probs nach kurzem Prozess zum Tode, zwei weitere Verhandlungen gegen Mitglieder der „Weißen Rose" folgten. Eine Tafel im Foyer wahrt das Gedenken an die Widerstandsgruppe. Außerdem wurde im Saal 253, wo seinerzeit „verhandelt" wurde, eine Dauerausstellung „Willkür im Namen des Deutschen Volkes" zusammengestellt. Sie zeigt Kopien von Gerichtsakten und Bilder aller 17 Angeklagten, dazu eine der letzten Notizen von Kurt Tucholsky vor seinem Freitod: „Wer die Freiheit nicht im Blut hat, wer nicht fühlt, was das ist: Freiheit – der wird sie nie erringen."

Eine andere Tafel erinnert an das Verfahren gegen den unbeugsamen Pater Rupert Mayer im Jahr 1937, eine dritte an die 222 jüdischen Rechtsanwälte, die in München „verfolgt und entrechtet wurden".

Nur in vereinfachter Form konnte die große Eingangs- und Zentralhalle nach den Kriegszerstörungen wieder hergestellt werden. Verzichtet werden musste auf den üppigen Schmuck von Vergoldungen, Stuck-, Schmiede- und Marmorarbeiten aller Art. Ein Bronzestandbild des Prinzregenten sollte im Krieg eingeschmolzen werden, man fand sie erst 1954 im Hof einer Hamburger Metallfirma, kaufte sie zum Materialwert zurück und stellte sie wieder auf.

Fast 25 Jahre lang bot die renovierte Residenz der Rechtshüter den Schauplatz für einige der aufsehenerregendsten Schwurgerichtsprozesse der alten Bundesrepublik. Zum Beispiel jene gegen den „Wunderdoktor" Bruno Gröning, gegen die mondäne Doppelmörderin Vera Brühne und ihren Helfer Johann Ferbach, den „Krebsarzt" Dr. Josef Issels, den Geiselgangster Dimitri Todorov, den SS-General Karl Wolff oder die Anarchisten Fritz Teufel und Dieter Kunzelmann. Im letzten großen Gerichtsdrama in diesem Kriminaltheater spielte die Schauspielerin Ingrid van Bergen, die ihren Liebhaber erschossen hatte, unfreiwillig die Hauptrolle.

Als im Dezember 1970 der Sensationsprozess gegen den Oetker-Entführer Dieter Zlof begann, waren die Strafgerichte schon umgezogen in ein neues „Justizzentrum" mit – wie sich im Monsterprozess gegen den Nationalsozialistischen Untergrund (NSU) peinlicherweise herausstellen sollte – viel zu kleinen Sitzungssälen. Der alte Justizpalast in der Prielmayerstraße 7 wurde bis 1988 für 20 Millionen Mark renoviert, wobei die ergrauten, einstmals grünlichen Fassaden aus Donausandstein durch Wasserstrahl gereinigt wurden. Nur noch die Zivilrechtskammern sind verblieben. Kein Spektakel mehr lockte schon im Morgengrauen ein neugieriges Publikum an.

*„Merkwürdige Stadt. Eine riesige Binnenmauer auf einem Muster von Vierecken in verwaschenen Zimmerfarben wuchs aus einer der Breschen vom Krieg. Am Fuße der Wand die Behelfsläden, ebenerdig flach, auf vielen von Ruinen gesäuberten Grundstücken waren sie noch zu finden. Der Justizpalast. Damals an eine Dombauhütte erinnernd; Quadersteine, Gerüste, Flaschenzüge, Steinmetzen. Nun wiederhergestellt bis zum goldenen Knauf. Hinter dem Pomp – die ergänzten Steine traten hell hervor – tat sich im Halbrund die Front vom Karlstor auf … Das Viertel war noch teurer geworden."*

HEINZ PIONTEK (1967), „Die Mittleren Jahre"

*Der Justizpalast vom Stachusbrunnen aus gesehen.*

Hauptmieter ist jetzt, mit wechselnder Besetzung an der Spitze, das Bayerische Staatsministerium der Justiz. Ein gewaltiger Verwaltungskomplex der Dritten Gewalt, Dienstherr für rund 14.000 Richter, Staatsanwälte, Rechtspfleger, Bewährungs- und Gerichtshelfer, Verwaltungsbeamte sowie für 4.500 Arbeitnehmer im Strafvollzug. Das jüngste von 40 Referaten befasst sich mit der Internetkriminalität und dem „Missbrauch neuer Technologien". Für die Bewährungshilfe wurde sogar ein eigenes, villenartiges, barockisierendes Gebäude frei gemacht: das ehemalige Offizierscasino in der Elisenstraße.

Ein einziges Mal noch fand im alten Schwurgerichtssaal, von wo man bei leicht aufkommender Langweile so entspannt in den Alten Botanischen Garten gucken konnte, ein Strafverfahren statt: Im Mai 2014 wurde das aufsehenerregende Verfahren gegen den Steuersünder Uli Hoeneß hierher verlegt, weil im neuen Justizzentrum wieder einmal nicht genügend Platz war für die in ungewohnt großer Schar andrängenden Vertreter der Medien.

*Der Justizpalast im Jahr 1897.*

### Geköpft und gerädert

Es wurde nicht nur Recht gesprochen im Viertel rund um den Zentralbahnhof, sondern auch exekutiert. Seit 1460 betrieb die Residenzstadt auf der Anhöhe, dort, wo heute die Hackerbrücke auf die Landsbergerstraße mündet, in einer Dachauer Enklave eine eigene Hinrichtungsstätte. Sie wurde amtlich „Hochgericht" genannt und war im Volksmund eher als „Galgenberg" berüchtigt. Galgen und „Köpfstatt" mussten 1808 abgebrochen werden, weil genau dort der Brauer Pschorr 1813 seine Bierburg baute (siehe im Kapitel „Das Bierviertel"). Jedoch konnten weiterhin Urteile vollzogen werden, denn München verfügte noch über ein zweites „Hochgericht", das gleichsam eine höhere Instanz war. In dieser sogenannten Hauptstatt, vor dem späteren Starnberger Bahnhof, konnten abgeurteilte Schwerverbrecher nicht nur ihr Haupt verlieren, sondern in der ganz frühen Zeit auch noch gerädert werden.

Um Platz zu schaffen für zwei große Salzstädel sowie für den Andrang von Gaffern, ließ der Magistrat diese Richtstätte 1778 ein Stück nach Westen verlagern, auf das Freigelände gegenüber dem heutigen Augustinerkeller. Bis 1805 übten dort draußen, am Rand des Burgfriedens, die städtischen Henker ihr grausiges Handwerk aus. Aber auch später wurde in München noch unbarmherzig enthauptet: bis 1854 auf dem militärisch genutzten

Marsfeld mit dem Richtschwert, in der Fronfeste am Anger, auf dem Oberwiesenfeld und anderswo mit dem Schießgewehr – und später, in der Zeit des braunen Terrors, vom Staatshenker Johann Reichardt in Stadelheim mit dem Fallbeil.

Äußerlich erinnert heute nichts mehr an diese verschiedenen Opferstätten einer früheren Rechtsprechung, auch der Galgenberg ist nicht einmal mehr als Ausläufer der Schwanthaler Höhe zu erkennen. Kein Hinweis, keine Erinnerungstafel ist zu finden – sie sind höchstens einmal Station bei einer speziellen Stadtführung. Längst sind die Orte in München, wo ungezählte Menschen kraft Urteil einer wie auch immer gearteten Justiz vom Leben zum Tode befördert wurden, von Bürosilos und Gleisnetzen der Eisenbahnverwaltung überbaut. Zur Geschichte des Bahnhofsviertels gehören sie dennoch.

# Das Bierviertel

Bald nachdem Kurfürst Karl Theodor 1791 die militärisch nutzlos gewordene Stadt-befestigung schleifen und die Stadtgräben zuschütten ließ, begann auf dem Platz vor dem Karlstor eine erste Blütezeit für Spekulanten. Zu denen gehörte ein gewisser Georg Hartl. An der Ecke der späteren Bayerstraße, wo heute die „Galeria Kaufhof" steht, machte er erst einen „Kleinen Löwengarten" auf, erwarb dazu 1818 noch das aus dem 15. Jahrhundert stammende Fuchsbräu. Die „Gerechtsame" auf dieses Anwesen verschaffte ihm die Konzession für eine Brauerei mit Bierausschank. Nach Hartls Tod betrieben seine Witwe und noch mehrere „Braulöwen" das schäumende Geschäft auf dem Löwengartenareal, darunter ein adeliger, sogenannter Braugraf – bis es 1858 ein gewisser Georg Mathäser kaufte.

Seither hieß der ganze Komplex „Mathäser-Bräu". 1892 wurden die Fabrikations-räume in eine große Bierhalle umgestaltet, der August Exter eine palastartige Gründer-zeitfassade verpasste. Der obere der beiden Säle wurde mit dekorativen Malereien und einer hölzernen Tonne geschmückt. Ein späterer Eigentümer, die Löwenbräu AG, machte daraus vor dem Ersten Weltkrieg einen spektakulären Bierausschank. Er bestand aus drei Festhallen, einem Festsaal und weiteren Räumen mit zusammen 4.000 Sitz-plätzen.

### „Der Russ kommt"

Am Abend des 7. November 1918 versammelten sich im Festsaal etwa tausend Menschen. Sie hatten sich von einer pazifistischen Massendemonstration auf der Theresienwiese abgesondert, unterwegs einige Truppenunterkünfte gestürmt und kriegsmüde Soldaten „befreit". Nach flammenden Reden wurde im „Dunst von Bier und Rauch und Volk" (R. M. Rilke) ein Arbeiter- und Soldatenrat gewählt. Dessen Vorsitzender, der linkssozialis-tische Publizist Kurt Eisner rief wenige Stunden später den „Freistaat Bayern" aus, dessen erster Ministerpräsident er wurde.

Doch der neue „Volksstaat" hatte keinen Bestand. Am 1. Mai 1919 eroberten Truppen der nach Bamberg geflohenen Regierung, verstärkt durch Freicorps und Soldaten aus Württemberg, die Landeshauptstadt zurück. Die letzte Bastion der „Roten Armee" war wieder der Mathäserpalast. Ein schweres Geschütz schoss ihn sturmreif, Flieger warfen

Bomben, Panzerwagen räumten die aus Bierfässern und Fuhrwerken gebauten Barrika-
den. Eine recht versteckte Tafel mit dem Bildnis des bärtigen, bebrillten Eisner (er wurde
von einem rechtsradikalen Offizier ermordet) erinnert heute an den Anfang und das blu-
tige Ende der Münchner Revolution.

> *„Ich gelangte, immerzu geduckt und mit mächtigen Sätzen über die Straße
> rennend, bis zur Dachauer und Augustenstraße. Zwischen ängstlich an die
> Hauswände gepreßten Menschen wand ich mich weiter, denn am Bahnhof tobte
> ein besonders wütender Kampf. Vom Stiglmairplatz herunter dröhnte ein
> Panzerauto und schoss immerfort. Jeder von uns stemmte sich hilfesuchend an die
> verschlossenen Haustüren, wir jagten Hals über Kopf in das Torgewölbe des
> Apollotheaters.“*
>
> OSKAR MARIA GRAF, 1894–1967, „Wir sind Gefangene“, 1927, S. 499

Jene wirren Tage hatten indes nicht nur die bayerische Republik (mit Frauenwahlrecht
und 8-Stunden-Tag) hervorgebracht. Um bei der Bewachung der Bierburg nicht zu ermü-
den, hatten die Kommandeure ihren Posten das dort gebraute Weißbier mit Limonade
verdünnt. Daraus entstand dann eine neue, besonders im Sommer beliebte Biersorte, die
– weil die Soldaten der Roten Armee wegen ihrer Kontakte zur jungen Sowjetunion als
„Russen“ verschrien waren – den heute noch gängigen Namen „Russ“ bekam.

Nach dem nächsten großen Krieg dauerte es zwölf Jahre bis zum Wiederaufbau. Im
neuen Mathäser aus Stahlbeton, der dennoch „alpenländischer Tradition“ nachempfun-
den war, fanden nun 7.000 Durstige und Hungrige zugleich Platz, dazu 500 Angestellte in
Dienstleistung und Büros. Den beiden Festsälen wurden auf dem 8.100 Quadratmeter
großen Gelände in fünf Etagen neue Attraktionen hinzugefügt: ein stets gut gekühlter
Weißwurstkeller, ein lauschiger Biergarten mit fünf Schänken, Terrassencafés, Arkaden-
läden, ein Dachrestaurant und eine gläserne Küche, wo die Besucher bei der Zubereitung
der Surhaxl und Kartoffelknödel zuschauen konnten. Der Konsum schlug sich in gewaltigen Statistiken nieder: Jede Woche wurden im Mathäser etwa 52.000 Liter Bier getrunken
und 15.000 Weißwürste verspeist, von den sonstigen Schmankerln gar nicht zu reden.

Doch der Massenandrang in Bahnhofsnähe ließ Aussehen und Ansehen des großen
Palastes der Trinker allmählich deutlich bröckeln. Und so kam es wie so oft: die marode
Immobilie wurde komplett abgebrochen und neue, eher anonyme Eigentümer pflanzten
neue Vergnügungstempel in die vom Bierland übrig gebliebene Brache (Siehe im Kapitel
„Das Kinoviertel“). Der Abrissbirne zum Opfer fiel auch das große Zoogeschäft in der
Mathäser-Passage, dessen Aquarium den Spaziergänger Blasius zu einem lustigen
G'schichtcrl animiert und dessen Affenkäfig insbesondere die Kinder über die Maßen
amüsiert hatten.

### Erbe der Mönche

Wenn man das Bahnhofsviertel als Quadrat sieht, dann liegt der Mathäser-Ecke diametral genau gegenüber ein Biergarten, der seinen volkstümlichen Namen „der Augustiner" von einem Mönchsorden ableitet. Bereits 1328, als Ludwig der Bayer zum Kaiser gekrönt wurde, hatten die Augustiner nahe des Doms eine Brauerei gegründet, die allerdings 1803 säkularisiert und privatisiert wurde. 1829 kam sie in Besitz eines Joseph Wagner. Der verlegte den Betrieb in die Landsberger Straße. 1862 erwarb er dazu noch alte Bierlagerstätten an der noch älteren Salzstraße (heute Arnulfstraße), wo nunmehr Speisen und Getränke mit Erlaubnis des Magistrats ausgegeben werden durften.

Um 1870, als München 16 große Brauereien – meist mit angeschlossenen Biergärten – hatte, zählte das Stadtadressbuch den „Augustinerkeller" zu den schönsten der Stadt, „obgleich er sich unmittelbar gegenüber der Münchner Hinrichtungsstätte befindet". Das lag nicht zuletzt an den Kastanien, die Wagner – eigentlich nur zwecks zusätzlicher Küh-

*Der Augustiner zählt zu Münchens meistbesuchten Biergärten.*

lung des im Eiskeller gelagerten Bieres – anpflanzen ließ. Heute stehen dort noch über hundert dieser schattigen Bäume, 45 davon sogar unter Denkmalschutz.

Bis 1891 noch drehte in der heutigen Haupthalle der „Bierochse" seine Runden. Mittels Winden und Seilen zog er das Sommerbier an die Oberfläche, die Gäste konnten zuschauen. Die gartenähnliche, ungewöhnlich große Freischankfläche wurde allerdings erst 1896 geschaffen. Sie fasst heute 2.500 Zecher, in den Innenräumen haben weitere 6.000 Menschen Platz. Somit ist dieser Augustiner, nennt man ihn nun Biergarten oder Bierkeller, in München nicht nur der älteste seinesgleichen, sondern auch einer der größ-ten (weshalb er 2014 für einen Wahlkampfauftritt der Bundeskanzlerin diente) – und für viele einer der schönsten.

Zu seiner großen Popularität beigetragen hat wohl nicht zuletzt der Journalist und Stadtpoet Sigi Sommer alias Blasius der Spaziergänger. An seinem Stammtisch unter der ersten großen Kastanie, in diesem „Brotzeit-Atoll", in diesem „ehrwürdigen Leberkäs-bergwerk", versammelte er regelmäßig seine Spezln und besondere Gäste wie etwa den Bundesaußenminister Walter Scheel, dem er hier das richtige Radischneiden beibrachte und den Titel „Aushilfsbayer" verlieh. Wenn's zu kalt war, zündete der Sigi sein Kohle-öfchen unterm Tisch an. Kaum eine andere „kastaniengrüne Knöcherlsulzbasilika" (noch-mal Blasius) wird von den Münchnern so geliebt wie diese.

> „Hier kann Blasius laut und ungestört auf all die aktuellen Themen, die mit „Sch" anfangen, wie Politik, Preußen und Barras, mit seinem Nachbarn, der an diesem Ort noch mit Herr Nachbar angeredet wird, diskutieren und lästern. Wie gesagt, es ist ein guter Ort, und Blasius, bibelfest wie er ist, beschließt immer wieder: Hier wollen wir uns drei Maßen kaufen. Mir eine, dem Durst eine und die dritte zum Abgewöhnen."
>
> SIGI SOMMER (1966), „Der große Sommer"

Immerhin pflegen Brauer und Wirte einige Besonderheiten: Das Bier wird nach wie vor nur in Holzfässern transportiert. Biermischgetränke werden nicht angeboten. Auf jegliche Werbung im öffentlichen Raum wird verzichtet. Der Dampf aus dem Sudhaus wird zu Energie verdichtet. Und nicht ganz unwichtig: Der Augustinerbräu, dessen flüssige Pro-dukte auch im Hirschgarten und einigen anderen Gaststätten ausgeschenkt werden, ist heute die letzte große Brauerei, die sich noch ganz in Münchner Hand befindet. Immer noch gehört sie zum größten Teil der Familie Wagner und einer von ihr gegründeten Stif-tung, die soziale und kulturelle Projekte fördert. Alles keine Selbstverständlichkeiten im weltweiten Geschäft mit dem bayerischen Volksgetränk.

## Bräuburgenland

Der Vollständigkeit halber seien noch die beiden anderen Brauereien genannt, die an das Bahnhofsviertel grenzen. 1839 übernahmen die Brüder Gabriel und Joseph Sedlmayr, die väterliche Spaten-Brauerei, deren Produktionsstätte sie 1851 auf die grüne Wiese, in die Marsstraße 46–48, verlegten. Dort wurden solche Mengen vom Gerstensaft erzeugt, dass Spatenbräu 1867 zum größten unter den noch rund 60 großen Brauhäusern Münchens aufstieg. Sein wichtigster Beitrag zur Münchner Bierkultur war das erstmals angebotene „Helle", das zuerst eigentlich für den Export nach Norddeutschland bestimmt war, aber bald auch den Bayern schmeckte. 1873 führte Spaten erstmals die von Carl Linde erfundene Kältemaschine ein, die den Transport von Natureis bis aus dem Pinzgau unnötig machte.

Der Jahresausstoß der Brauerei liegt heute bei 700.000 Hektar. Nach Fusionierung erst mit Franziskaner und schließlich mit Löwenbräu hat Spaten auf dem Sudhausgelände nur noch ein Biermuseum hinterlassen, regelmäßig finden Führungen statt.

Auf dem Gelände ihres Sommerkellers, Bayerstraße 7, richtete sich 1894 die Bierfabrik Hacker-Pschorr ein. Sie war 1417 von Maria Theresia Hacker und Joseph Pschorr gegründet, zeitweise getrennt und wieder vereinigt worden. Nahe der nach ihr benannten Hackerbrücke wurden bis in zwölf Meter Hangtiefe die größten Lagerkeller Deutschlands gegraben. 1872 führte Spaten erstmals die von Carl von Linde erfundene Kältemaschine ein, die den Transport von Natureis bis aus dem Pinzgau unnötig machte.

Das potente Unternehmen wurde 1979 von der Schörghuber-Gruppe übernommen, knapp die andere Hälfte des Kapitals hält inzwischen die niederländische Großbrauerei Heineken. Während die Maische-Silos an die Marsstraße abgewandert sind, entstanden auf dem verlassenen Sudhausgelände die Pschorr-Höfe, durch die Oktoberfestbesucher von der Hackerbrücke her gemütlich zur Wiesn wandern können, sowie ein supermoderner Neubau des Europäischen Patentamtes, wo 7.000 Mitarbeiter arbeiten, drei Verkehrssprachen gelten und eine hochwertige Sammlung moderner Kunst leider nur bei seltenen Führungen zugänglich ist.

# Das Kinoviertel

## Logen für lebende Bilder

Dieser Carl Gabriel war ein einfallsreicher, ein geradezu genialer Gaudi-König, dem auch das nötige Geld nicht fehlte. In der Neuhauser Straße installierte der 1857 in Schlesien geborene Mechaniker ein Panoptikum mit Wachsfiguren und Folterwerkzeugen, ab 1897 wurden hier auch die ersten „lebenden Bilder" vorgeführt: in Frankreich soeben erfundene Pionierfilmchen, etwa von einer herannahenden Eisenbahn oder von einer Schlangendompteuse. Im Ausstellungspark montierten Zimmerleute die erste Achterbahn Deutschlands. Auf dem Oktoberfest führte Carl Gabriel so langlebige Attraktionen ein wie das „Luftige Rad" (Riesenrad), die „Pracht-Reitbahn, Treffpunkt der Sport- und Lebewelt" (Hippodrom), das Teufelsrad, die Steilwand, die Hexenschaukel; weltberühmt wurden Gabriels Völkerschau-Tourneen mit bis zu 200 Mitwirkenden wie Südseeschönheiten, „Lippennegern" oder den Cowboys des Buffalo Bill.

Mit der damals modernsten Art von Unterhaltung war der „Großschaustellerunternehmer" (wie auf seinem Grab im Ostfriedhof geschrieben steht) allerdings etwas in Verzug geraten. Schon um 1905 eröffnete der in Westpreußen geborene Kaufmann Oscar Tietz in seinem neuen Warenhauspalast am Bahnhofsplatz ein erstes „Cinematographentheater". Auf einer großen Leinwand bewegten sich „Bilder vom Tage", dazu spielte eine Drei-Mann-Kapelle flotte Weisen. Ein Ansager sang passende Texte. Auch in der Kaufingerstraße lockte ab 1906 ein „Weltkinematograph" die Münchner massenweise.

### Das Gabriel

Am 21. April 1907 endlich eröffnete auch Carl Gabriel in der Dachauer Straße 16 ein Schaugeschäft mit dem seltsamen Erstnamen „The American Bio-Cie". Es handelte sich um das erste Kino Münchens, das dem Publikum richtige Spielfilme bot. Die meisten wurden von den Fotografen-Brüdern Ostermayr in ihrem Atelier am Stachus oder in den Isarauen gedreht. Schon wenig später zeigte man auch Importe aus Amerika und alsbald flimmerte der Wilde Westen auf der Leinwand. Ein „Explikateur" erfand jeweils mehr oder weniger passende Dialoge, Kommentare und Späße. Piano-Klänge kamen später hinzu. Wegen der Brandgefahr der frühen Vorführgeräte musste während der Vorstellung immer ein Eimer Sand bereitstehen.

Carl Gabriel's Lichtspiele, 1936.

„Carl Gabriel's Theater der Lebenden Bilder", wie es bald hieß, war ein wahrer Lust-tempel: Er besaß Drahtkörbe für den Maßkrug und drei Logen mit roten Vorhängen, damit „auch feine Leute das Etablissement standesgemäß besuchen" konnten. Zwischen 15 und 23 Uhr konnte man jederzeit kommen und nach Belieben bleiben. Schlicht als „Gabriel" überlebte das Ur-Kino alle Zeiten. Es war bis zum Einmarsch der Amerikaner in Betrieb, spulte die allerletzten Durchhaltefilme ab und konnte schon im Juli 1945 als erstes in München neu eröffnen.

Die Jahre des Kinosterbens infolge der neuen Fernseh-Konkurrenz überlebte das „Gabriel" durch FKK-Filme und schwülstige Sex-Klamotten, wie sie Alois Brummer in seinem Privathaus am Stadtrand für wenig Geld produzierte („Graf Porno und seine

Gespielinnen" und Ähnliches). Erst am 15. Dezember 1994 war Schluss mit Porno aus Pasing.

Alexandra Gmell, Kinobesitzerin in vierter Generation, kaufte nun aktuelle Hollywood-Ware ein. „Café Europa" und andere Musikfilme mit Elvis Presleys waren die neuen Kassenschlager. Endlich konnte das derangierte Haus 1995 für vier Millionen Mark gründlich umgebaut werden. Ein bisschen altmodisch sollte es dennoch bleiben. Immerhin war Alexandra „mit dem Geräusch der Projektoren aufgewachsen"; solche stehen heute, trotz aller Digitaltechnik, immer noch nostalgisch herum.

Im „Neuen Gabriel", dem wahrscheinlich ältesten durchgehend bespielten Kino der Welt, erwarten den Besucher zwei Säle mit 208 bequemen Sesseln, mit einer gemütlichen Theke und Marmorböden sowie ein anspruchsvolles Programm, das auch immer am Münchner Filmfest teilhat. Andere Kinos in der Umgebung sind längst eingegangen, so der Cine-Star im Bahnhofsgebäude und das „Bali" – beide ebenfalls auf Schmuddelfilme spezialisiert –, das große Sonnenkino, das Atlantic-City und ein heruntergekommenes Kino-Center der UFA, vor dessen Abriss ein linker München-Führer schnell noch empfahl: „Für ein grundlegendes Verständnis des Kapitalismus ist ein Besuch in diesem Kuriosum unabdingbar."

*„Aber abgesehen von der Kultur ist München auch ein Zentrum der Filmindustrie. Die Filmbranche ist bekanntlich wie ein Eisberg: Nur ein Zentimeter ist sichtbar. Das sind Filme, die wirklich gedreht werden. Neun Zehntel bestehen aus der sinnlosen Aktivität, die diese Produktionstätigkeit begleitet, behindert, unterbindet und doch nicht ganz unterbinden kann. Diese neun Zehntel füllen den öden Landstrich zwischen Schwabing und Geiselgasteig. In den Weinstuben, in den Hotelhallen, in den Espressos wird disponiert, umdisponiert, besetzt, umbesetzt, wird um Kredite angesucht, werden Kredite verweigert, legen Produzenten die Geldgeber herein und die Geldgeber die Leute, welche die Bundesbürgschaft verteilen … Und über allem schwebt, wie der Ungeist über den Wassern der Isar, das Motto der neuen UFA: Das gibt's nur einmal, das kommt immer wieder."*

HELMUT QUALTINGER, Beitrag zum Stadtjubiläum 1958

### Der Mathäserpalast

„Das Bahnhofsviertel wird aufgewertet", freute sich Oberbürgermeister Christian Ude, als im Mai 2003 das zweitgrößte, das bald schon besucher- und umsatzstärkste Kino Deutschlands auf dem Mathäser-Areal (siehe im Kapitel „Das Bierviertel") im Beisein der kompletten Münchner Filmprominenz feierlich eröffnet wurde. Ude, Musensohn mit Hang

*Der neue Mathäserfilmpalast.*

zur schicken Moderne, hatte das Projekt zur Chefsache gemacht. Initiator war der (vielfach vernetzte, 2013 verstorbene) Filmproduzent Bernd Eichinger. Er steckte auch eigenes Geld in den im Übrigen von einer Lebensversicherung finanzierten Neubau und betrieb diesen 175 Millionen Euro teuren „Mathäser-Palast" zunächst auch selber.

Schon 1957 hatten die Wirtsleute Rosa und Georg Reiss hier ihr Kino-Königreich gegründet. Sinnigerweise wurde auf der bislang größten, 21 Meter breiten Leinwand zur Premiere „Der Bettelstudent" gespielt. Zeitweise bestand Deutschlands größter Kino-Konzern aus 1.200 Abspielstätten in mehreren Städten. Als die Kino-Krise heraufzog, verwandelte die Reiss-Gruppe das mehrmals vergrößerte Stammhaus am Stachus in vier nette, poppige Kleinkinos – eine Novität damals – und ersetzte die Heimatfilme durch Action-Reißer. Zahllose Stars stolzierten hier über den roten Teppich. Trotzdem wurde der Lichtspielpalast komplett abgebrochen – um in moderner Manier und Techniknneu aufgebaut zu werden.

Im heutigen Multiplex-Kino verbergen sich hinter einer nach innen hängenden Sprossenwand nicht weniger als 14 Säle mit 4.283 gepolsterten Sitzen; diese waren eigentlich für einen Kinopalast in Bahrein hergestellt, wegen des Irak-Krieges aber nicht mehr ausgeliefert worden. Jede Woche laufen ungefähr 500 Filme. In den Foyers kann man shoppen, an der Theke einen Drink nehmen oder Popcorn knabbern, wovon täglich 600 Kilo zubereitet werden. Schänken gibt es an der Stelle der ehemaligen Bierstadt nicht mehr.

### Das City-Kino-Center

Ein paar Superlative beansprucht auch das City-Kino-Center, das zwischen Schwanthaler- und Landwehrstraße neben einem Erotik-Shop eingezwängt ist. 1959 angekurbelt, hat es die Cinerama-Leinwand und die vollautomatische Vorführtechnik in München eingeführt. Ein eigenes Magazin in einer Auflage von 20.000 begleitet und erläutert die Filme, die in der Regel aus dem internationalen Arthouse-Angebot (klassische, künstlerische, oft nichtkommerzielle Filme) ausgewählt werden. In vier Sälen – in einem spielte einmal das Münchner Volkstheater – werden sie ohne „Vorführer" abgespult. Gepflegt werden auch Produktionen von Studenten der Hochschule für Film und Fernsehen sowie sogenannte Screenings (Testvorführungen). Beim alljährlichen Dokumentarfilmfest spielt das City immer „in der ersten Reihe", wobei auch der idyllische Hof einbezogen wird. Der alte, riesige Projektor steht als Schaustück am Eingang. Geschäftsführer Wolfgang Berger legt Wert auf gepflegte Tradition: „Richtig modern ist bei uns nur die Technik."

# Das Kirchenviertel

## Weltoffen und bürgernah

Nur zwei Meter niedriger als die weltberühmten „welschen Hauben" des Liebfrauendoms ragt der neugotische Mittelturm der Paulskirche aus dem Häusermeer. Diese mächtige, mittelalterlich anmutende Kirchenburg ist die wichtigste städtebauliche Dominante im Westen Münchens. Indem sie die – ungewöhnlich lange und immer stark bevölkerte – Landwehrstraße sehr markant abschließt, begrenzt sie das Bahnhofsviertel gegen Westen und bildet zugleich einen Vorposten der – nur zeitweilig, dann aber massiv belebten – Theresienwiese. Während der 16 Oktoberfesttage suchen 50.000 oder mehr Menschen aus aller Welt die Ruhe der offenen „Oktoberfestkirche" und viele steigen die 252 Wendeltreppenstufen hoch, um den größten Rummelplatz der Welt von der Plattform des Turms herunter zu betrachten.

St. Paul ist eine wahrlich weltoffene Kirche. Sie betreut nicht nur die 2.400 Katholiken, die heute noch im Pfarrgebiet verblieben sind. Sie versteht sich längst auch als „Brücke zu unseren evangelischen Geschwistern" und ist Gastgeberin einer „interreligiösen Runde". Sie ist außerdem offiziell zuständig für die 40.000 in München lebenden Kroaten und feiert Gottesdienste in deren Sprache. St. Paul bietet Raum und Gesprächsbereitschaft an für die zahllosen türkischen, arabischen und griechischen Mitbewohner des multikulturellen Viertels. Und sie wendet sich auch an Touristen, denn diese Gegend weist die größte Hoteldichte Europas auf. (siehe im Kapitel „Das Hotelviertel").

Die Paulskirche ist auch eine Bürgerkirche, verdankt sie doch schon ihre Gründung einer Art Bürgerinitiative. Ein „Kirchenbauverein" hatte am Ende des 19. Jahrhunderts 700.000 Goldmark gesammelt, die Stadt stellte den 11.000 Bürgern, die da draußen im entstehenden Gewerbe- und Villengebiet eine Wohnung gefunden hatten, weiteres Geld sowie ein Grundstück zur Verfügung. Den Bauauftrag bekam, nach einem ergebnislosen Ideenwettbewerb, ein junger Architekt aus Graz, Georg Hauberisser, der bereits das Neue Rathaus am Marienplatz erbaut hatte (und später noch Rathäuser in Ulm, Landshut, Wiesbaden, Saarbrücken entwerfen oder umgestalten sollte).

## Vorstadt-Kathedrale für alle

„Ein starkes Festungswerk für das Heil" sollte in der neuen Vorstadt erstehen, wünschte Erzbischof Antonius von Steichele. Von 1882 bis 1906 arbeitete der in der Schwanthalerstraße wohnende Hauberisser an dem Gotteshaus für die neue Pfarrei. Er setzte – noch bestimmte ja der Historismus die europäische Baukunst – eine Anlehnung an die Gotik durch, nachdem die Maßgeblichen im Magistrat zunächst eher der Neu-Renaissance zugeneigt waren. Vorbilder waren die französischen Kathedralen und der Kaiserkrönungs-Dom in Frankfurt. Spenden und Stiftungen ermöglichten eine großzügige, mehrfach geänderte Planung, sodass sich die zunächst auf 700.000 Goldmark veranschlagten Baukosten schließlich auf 1,7 Millionen vermehrten. Prinzregent Luitpold schoss noch 40.000 Mark fürs Hauptportal zu, eine Steinplatte erinnert an die „Hochedle Munifizenz".

Das Bauwerk gedieh, nach etlichen Änderungen, zu einer dreischiffigen Basilika mit Querhaus und einem 97 Meter hohen Hauptturm über einer Kuppel mit Kupferdach und einer charakteristischen Doppelturmfassade. Statt Backstein, wie zuerst geplant, wurde für die komplette Verkleidung teurerer Tuffstein aus Polling verwendet. Aus unterfränkischem Muschelkalk meißelten die Steinmetze all die formenreichen Türmchen, Säulchen, Streben, Fabelwesen und andere neugotische Ornamente. Der Altarraum mit seiner ungewöhnlichen Tiefe von 25 Metern und einem 11 Meter hohen filigranen Gebilde war als „Lichtgehäuse" gestaltet.

Namhafte Bildhauer und Maler waren an dem Gesamtkunstwerk beteiligt. Der berühmte Architekt Robert Vorhölzer entwarf schon 1937 einen „Volksaltar", wie ihn die heutige Liturgie kennt. Michael Andreas Schmid, Experte für kirchliche Kunstgeschichte, bezeichnete St. Paul als „ein regelrechtes architektonisches Gebirge" und als „eine der bedeutendsten Schöpfungen der Neugotik in Bayern". Zwei Bombennächte gegen Kriegsende zerstörten nicht nur den einzigartigen Hochaltar, sondern auch die große Orgel und die wunderschön bemalten Fenster.

Außen und innen restauriert, geriet die Kirche im Jahr 1960 mehrmals in den Brennpunkt des Weltinteresses: Einen Steinwurf entfernt, auf der Theresienwiese, führte der Eucharistische Weltkongress die katholische Welt zusammen; St. Paul war stark eingebunden und konnte ein großes Kruzifix einweihen. Und dann, kurz vor Weihnachten, ereignete sich quasi nebenan eine der bis dahin schlimmsten Flugzeugkatastrophen (siehe im Kapitel „Das Katastrophenviertel"). In jenem Jahr begann auch der massenhafte Zuzug italienischer „Gastarbeiter" im Viertel, die Pfarrei bekam damit eine neue „Klientel".

## Mit Kunst predigen

Umfangreiche Renovierungsarbeiten ab 1980 ließen die Vorstadt-Kathedrale in neuem Glanz erstrahlen – durch lichte, farbige Glasmalereien und Umgestaltung der kulturellen

*Die Paulskirche 1945 und heute.*

Räume. So wurden dem Langhaus eine „Altarinsel" (von Eberhard Wimmer) und eine „Werktagskapelle" eingefügt. St. Paul entwickelte sich auch in neuester weiter zu einem Ort des ständigen Dialogs. Dafür sorgt nicht zuletzt das neue seelsorgerliche Konzept. Den Schwerpunkt bildet die zeitgenössische Kunst. Ausstellungen, Installationen, Tanztheater, Eucharistiefeiern mit Bildbetrachtung und Bibelpredigten, wobei das Evangelium anhand originaler Kunstwerke ausgelegt wird, sind Angebote der „Kunstpastoral". Dabei ist St. Paul auch durchaus für Überraschungen gut: Bei der Langen Nacht der Musik 2014 wurde in der Paulskirche der wiederentdeckte Stummfilm „Nathan der Weise" in neuer Vertonung gezeigt.

St. Paul will Ansprechpartner und Treffpunkt für die ganze Gesellschaft sein – für Alltagsprobleme ebenso wie für Krisenzeiten. Morgens und mittags wird der Tisch gedeckt für Kinder der benachbarten Grundschule. Einmal im Monat wird ein Gottesdienst für Trauernde zelebriert und einmal, Anfeindungen zum Trotz, ein gemeinsamer Gottesdienst mit schwulen und lesbischen Mitbürgern. Die Emmaus-Gruppe kümmert sich um Strafgefangene und um Menschen, die „am Rande leben". Und im Pfarrheim wird jede Woche einmal zum Erwerbslosentreffen geladen. Die Kirche soll ein „geschützter Raum" sein, sagt Dr. Ulrich Schäfert, Vorstand der Kirchenverwaltung.

Derzeit allerdings ist Schäfert besorgt um die „Zukunft eines Wahrzeichens Münchens". Die Natursteinfassade – sie ist einzigartig in München – hat tiefe Risse bekommen, die Armierungen rosten, die Türme sind schadhaft, es tropft herein. Für die Instandsetzung werden 6,3 Millionen Euro benötigt. Eine Million soll die von einst 45.000 auf gerade noch 2.500 Katholiken geschrumpfte Gemeinde, die nebenher noch Missionsprojekte in Kenia und Südindien unterstützt, selber beschaffen. Deshalb hat sich Pastoralreferent Schäfert ein originelles Zahlsystem einfallen lassen: Verkauft werden sogenannte Bausteine sowie Patenschaften für einzelne Bauteile, die zu erneuern sind. Für eine Spende von 500 Euro wird man beispielsweise „Schutzpatron" einer Kreuzblume, für den doppelten Beitrag übernimmt man die Wiederherstellung eines Drachens, aus dem nach gotischer Bauregel das Regenwasser rinnt.

Auch die Deutsche Stiftung Denkmalschutz hat die Paulskirche, neben der Steinernen Brücke in Regensburg und anderen bedeutenden Monumenten, in ihr Förderprogramm aufgenommen und im Oktober 2014 auf der Kunst- und Antiquitätenmesse München beispielhaft vorgestellt. Hand in Hand mit der Sanierung soll – sobald die Zeichen beim Münchner Baureferat auf Grün stehen – der ganze Platz rund um die St.-Paulskirche in einen bürgerfreundlichen Park umgestaltet werden (siehe im Kapitel „Das Zukunftsviertel").

*„Ich stand nun in der Paulskirche … Ich wartete und sah mich in der Kirche um. Solche gotischen Kirchen, besonders die mit dunklen Fenstern und gedämpftem Lichte, hatten vor Jahren meine ganze Lebensfreude ausgemacht. Und jetzt stand ich gefühllos vor dieser Architektur, ihr Sinn war mir fremd. ,Woher kam es nur?', fragte ich mich. Es fiel mir ein, dass mir vor kurzem ein katholischer Architekt versichert hatte: ,Gewiss, die Gotik ist das Interessanteste. Bedenken Sie, wieviel Konstruktionsprobleme! Ich sage Ihnen, da muss man rechnen können.' ,Und das ist ihre ganze Ästhetik', hatte ich ihm höhnisch erwidert, ,das Rechnen! Sie sind auch kein richtiger Christ'. – Schließlich bedachte ich, dass meine heutige Gefühllosigkeit für die Gotik gewöhnliche Ursachen haben könnte, nämlich die Kälte des Kirchenpflasters und meine frierenden Füße."*

KARL BORROMÄUS HEINRICH (1907), „Karl Asenkofer"

# Das Kaufhausviertel

### Damen genierten sich

Dieser Kaufhaus-Komplex ist fast so groß wie ein ganzes Stadtviertel, er erstreckt sich vom Hauptbahnhof bis zum „Hotel Königshof" am Stachus. Auf einer Fläche von 40.000 Quadratmetern werden ungefähr 300.000 Produkte angeboten, vom geräucherten Aal im Gourmet-Bistro in der Unteretage, die von allen Bahngleisen her direkt zugänglich ist, bis zum Zauberkasten in der riesigen Spielzeug-Abteilung, vom Lifestyle-Tand bis zur größten Dirndl-Kollektion Bayerns, die sich nicht zuletzt Touristen andient. Dieses „Vollwaren-haus", wie es Geschäftsführer Hans-Jürgen Gladasch bezeichnet, liegt mit seinem Umsatz an der Spitze aller 83 deutschen Karstadt-Filialen. Zumindest in München kennt man das Haus am Bahnhofsplatz 7, trotz wechselvoller Geschichte und Firmierung, nach wie vor nur unter dem Namen „Hertie".

Hermann Tietz hieß der 1837 in Westpreußen geborene, andernorts längst erfolgreiche Kaufmann, der vis-à-vis dem Bürklein-Bahnhof, neben dem „Directorialgebäude" der bayerischen Telegraphenverwaltung, in den Jahren 1904 bis 1905 das erste große Warenhaus Münchens bauen und von seinem 23-jährigen Neffen Oscar betreiben ließ. In der Nachbarschaft besaß der deutsch-jüdische Multi-Unternehmer, der einst mit Großfamilie von Birnbaum nach Berlin gekommen war, schon das „Café Imperial" und das damals sogenannte Bügeleisenhaus, heute bekannter als Pinihaus.

Beim baulichen Entwurf orientierte sich der im ganzen Reich produktive Architekt Max Littmann an der deutschen Renaissance, nützte aber durchaus auch jüngste technische Errungenschaften. Eugen Diesel konstruierte eine Licht- und Kraftanlage, die sechs elektrische Aufzüge und später sogar Rolltreppen betrieb. Eine Dampfheizung sorgte für komfortable Wärme. Acht firmeneigene Automobile und zehn Pferdekutschen lieferten die von vornherein sehr preisgünstigen Waren – auf Wunsch auch an Kunden direkt. Das anspruchsvolle Münchner Bürgertum genierte sich nämlich anfangs, dieses erste große „Volkskaufhaus" aufzusuchen; Damen der besseren Gesellschaft kauften dort angeblich nur „fürs Personal" ein, billig und (wie später die Produkte der Beate Uhse) neutral verpackt.

Jedenfalls wurde der wundervolle Warentempel des Hermann Tietz binnen weniger Jahre zum umsatzstärksten Geschäft Münchens und zum bedeutendsten Kaufhaus Süddeutschlands. Sogar der eingeführte Konkurrent Heinrich Uhlfelder im Rosental wurde übertrumpft. Den ungeheuren Erfolg garantierten neue, heute noch gängige Verkaufspraktiken wie Umtausch- und Rückgaberecht, Lichtreklame und raffinierte Werbung,

Sonderaktionen und Schlussverkäufe (mit Preisnachlässen). Das auf vier Etagen in Abteilungen aufgeteilte Vollsortiment ließ kaum noch einen Konsumentenwunsch offen.

### Träume der Tietz-Familie

Etliche seiner Träume konnte der geniale Kaufmann Oscar Tietz wahr werden lassen. Inmitten seiner Warenwelt eröffnete er das erste „Cinematographen-Theater" der Stadt (siehe im Kapitel „Das Kinoviertel"). Zur Tradition machte er den „Traum in Weiß": an bestimmten Tagen beherrschte die Farbe Weiß das Szenario. Mit billigem Porzellan etablierte er am Bahnhof eine Dult auf höherem Niveau. Sein Lieblingshaus bekam ein Restaurant, eine Spielecke für Kinder und einen Dachgarten, wo Verkäuferinnen und sonntags auch Kunden entspannen konnten. Geboten wurden Künstlerkonzerte und Kunstausstellungen, 1916 beispielsweise Bilder von Soldaten.

Onkel Hermann starb 1907 in Berlin, der nicht minder verdienstvolle Oscar 1923 in Vorarlberg; auf dem Jüdischen Friedhof in Weißensee hat die Familie Tietz heute ein Ehrengrab. Immerhin hatte Oscar Tietz 1903 den Verband deutscher Waren- und Kaufhäuser, 1909 den Verein der deutschen Juden und 1919 die Hauptgemeinschaft des deutschen Einzelhandels gegründet.

Bereits 1926 begannen jedoch die in München emporgekommenen Nationalsozialisten gegen das „jüdische Ramschgeschäft" zu hetzen. Im Stadtrat stritt man um einen geplanten Anbau in Turmform, der den Mittelstand und den Verkehr behindere („München braucht keinen Wolkenkratzer").

Um diese Zeit arbeiteten nicht weniger als 13.000 Angestellte im verzweigten Kaufhauskonzern des Hermann Tietz, der samt aller Anverwandten eines der ersten Opfer der staatlich organisierten „Arisierung" werden sollte. Die Angriffe begannen schon wenige Wochen nach Hitlers „Machtergreifung" mit der Schmierparole: „Kauft nicht bei Juden!" Wer dennoch bei Tietz oder Uhlfelder oder auch nur bei einem kleinen jüdischen Uhrhändler reinschaute, musste in Kauf nehmen, aufgeschrieben und belästigt zu werden. Im Sommer 1934 mussten die „nichtarischen" Teilhaber der Firma Tietz ausscheiden; ihnen blieb letztlich nur die Emigration. Ihre Aktien mussten sie billig abgeben, nachdem die Dresdner Bank und die Commerzbank, die Hauptnutznießer, durch Manipulation den Aktienkurs gedrückt hatten. Der ehemalige Tietz-Einkäufer Georg Karg wurde von der Dresdner Bank als Geschäftsführer eingesetzt und konnte die Kaufhauskette so zu günstigen Konditionen erwerben. Fortan durfte die Warenhauskette auch nicht mehr unter dem Namen Hermann Tietz firmieren, sie sollte, abgekürzt auf die ersten Buchstaben des Gründer-Namens, unverfänglich „Hertie" heißen.

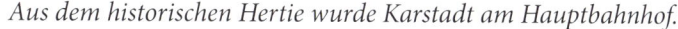

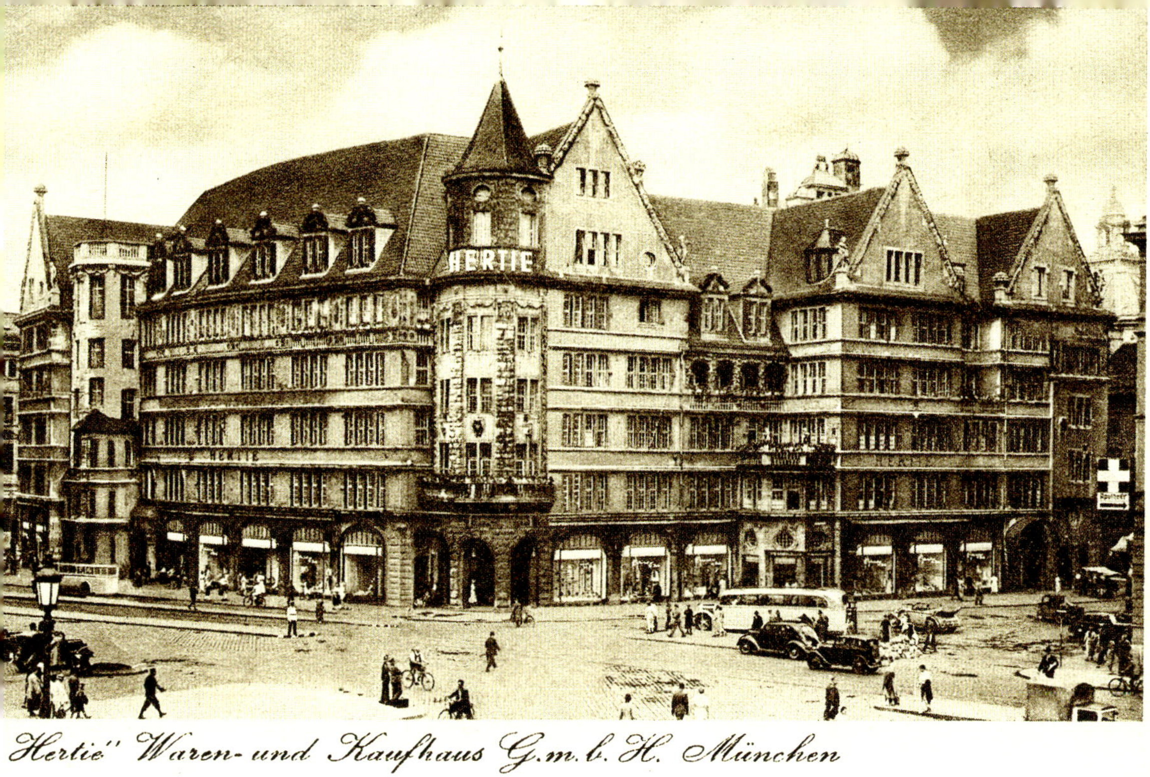
HERTIE
"Hertie" Waren- und Kaufhaus G.m.b.H. München

*Aus dem historischen Hertie wurde Karstadt am Hauptbahnhof.*

KARSTADT
KARSTADT

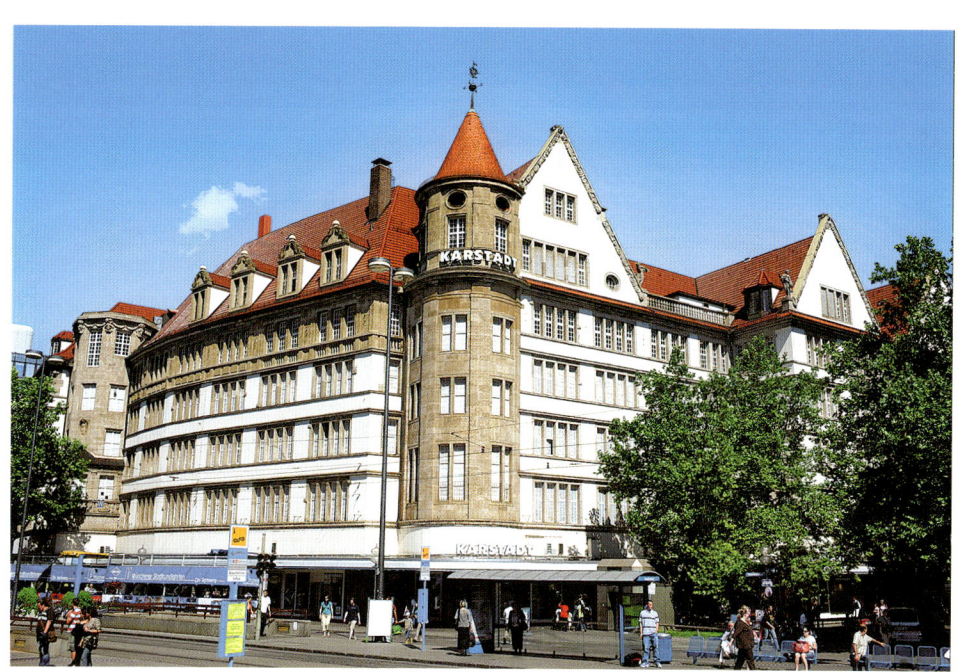

## Kaufhaus wird Kriegerheim

Das Münchner Hertie-Haus diente dann im Krieg als Übernachtungsheim für durchreisende Soldaten. Denen bot es mehr als nur ein Feldbett, nämlich Stimmungsmusik, Durchhaltefilme und dezente Hinweise auf den offiziellen Wehrmachtpuff in der nahen Senefelderstraße. Von den Bomben der Alliierten, die das Bahnhofsviertel besonders heimsuchten, blieb ausgerechnet dieses ehemals als „Judenladen" diffamierte Gebäude einigermaßen verschont.

So konnte Georg Kargs Sohn Georg-Hans schon im August 1945 dort eine Dachkammer beziehen und im September einen Bretterverschlag für ein äußerst karges Warenangebot im Lichthof aufstellen. Stück für Stück wurde das Haus nicht nur komplett wiederhergestellt, sondern dann auch fünf Jahre lang umgebaut und erheblich erweitert. Nach der Währungsreform reichte der Erfolg des Warenhauses fast wieder an die Blütezeit der frühen Jahre heran. Die Tietz-Erben in den USA und der Schweiz hatten zunächst im Zuge der Restitution ihre Hertie-Aktien zurückbekommen, die ihnen die Erben Georg Kargs schließlich wieder abkauften.

In den Wirtschaftswunderjahren nach 1950 konnten diese ihren neuen Warenhaus-Konzern wieder auf 55 Filialen bundesweit aufstocken. Und dem Münchner Stammhaus fügten sie im Osten einen lang gestreckten Anbau hinzu, den ein Architekturführer allerdings als „überproportionierten, abweisenden Funktionsbau" bewertet. Auch bedauerten fachkundige Kritiker, dass beim Wiederaufbau ausgerechnet die schöne Jugendstil-Dekoration im großen Lichthof nicht mehr erneuert wurde. Jedenfalls war „Hertie Bahnhofsplatz" (wie es jetzt hieß) ab dem Olympiajahr 1972 das größte Warenhaus Deutschlands.

In den folgenden Jahren änderten sich Eigentumsverhältnisse und Firmennamen jedoch alle paar Jahre. Schließlich verkaufte Georg-Hans Karg die „Hertie Waren- und Kaufhaus GmbH" 1994 an den stärksten Konkurrenten, die Karstadt AG, welche alsbald in der „Arcandor AG" aufging, einem kapitalistischen Musterverbund. Nun galt allein das Prinzip Gewinnmaximierung. Die Hertie-Filialen wurden teils geschlossen, teils verkauft oder in „Karstadt" umbenannt. Außer einer Niederlassung in Berlin behielt nur das Haus am Münchner Hauptbahnhof bis 2007 den Gründernamen. Es blieb außerdem das größte unter dem Namen „Hertie" geführte Warenhaus. Heute steht an seinem runden Eckturm wieder der Name „Karstadt".

Ab 2005 wanderte das historische Hertie-Karstadt-Haus in München mit seinem doppelt so großen Anbau und seiner für Immobilien-Spekulanten hoch interessanten Lage durch die internationale Finanzwelt, wobei schon mal dreistellige Millionenbeträge als Kaufpreis genannt wurden. Zeitweise gehörte die begehrte Immobilie einer Gruppe britischer Investoren, welche bald Finanzprobleme bekam, dann einem global operierenden Konsortium namens Highstreet und schließlich einer irischen Investmentgesellschaft.

Der Berliner Kunstsammlersohn Nicolas Berggruen kaufte die von internationaler Konkurrenz bedrängte Kaufhauskette 2010 für einen einzigen Euro, aber auch er schrieb weiterhin rote Zahlen mit seinem Neubesitz. Der bisher letzte Besitzerwechsel fand im August 2014 statt, als überraschend der 37-jährige Tiroler Investor René Benko zugriff. Auch er zahlte nur den symbolischen Euro für die verbliebenen 83 Karstadt-Filialen. Ersten verlautbarten Plänen zufolge will er zumindest einige der Häuser nach Möglichkeit in Einkaufszentren mit privaten Einzelhändlern verwandeln. Auch soll ihm vorschweben, durch Fusion mit dem Konkurrenten „Kaufhof" einen einzigen deutschen Kaufhausverbund zu schmieden.

## Die Konkurrenz

Der Massenkonsum hat im Bahnhofsviertel natürlich noch andere attraktive Anlaufstellen. Mit einer Verkaufsfläche von 23.000 Quadratmetern ist der größte Konkurrent, der „Kaufhof" an der südwestlichen Stachus-Ecke, zwar nur gut halb so groß wie „der Hertie", wie er in München immer noch genannt wird. Doch seine Geschichte weist viel weiter zurück. Hier, am Eingang der Salzstraße (heute Bayerstraße), gab es einen Gastbetrieb, der erstmals 1737 im Ratsprotokoll als „Stachusgarten" genannt war, vielleicht nach einem früheren Besitzer namens Eustachius Föderl. Daraus wurde 1872 das „Hotel Stachus", das 1917 aufgelassen wurde. Neuer Hausherr wurde der Textilindustrielle Johann Horn. Er verwandelte die heruntergekommene Herberge 1924 in eines der größten Kaufhäuser Münchens. 1945 total zerstört, wurde an seiner Stelle 1951 der „Kaufhof" hochgezogen. Der achtgeschossige Skelettbau mit Natursteinverkleidung, geschwungenem Vorbau und Walmdach steht inzwischen als Ausdruck der Architektur der 1950er-Jahre unter Denkmalschutz. Von seinem Restaurant im fünften Stock, wo sogar Alfons Schuhbeck beratend mitwirkt, hat man einen schönen Blick auf die ganze City. Der Kaufhof bekommt jetzt für 3,5 Millionen Euro eine neue Fassade, wobei alle 280 Fenster und Türen ausgetauscht werden.

Auf dem Gelände des früheren Hotels „Schottenhamel" (siehe im Kapitel „Das Hotelviertel") hat der Multi-Unternehmer Josef Schörghuber in den 1980er-Jahren für 200 Millionen D-Mark den glitzernden „Elisenhof" aus dem Boden gestampft. Auf drei Ebenen mit einer Gesamtnutzfläche von 12.000 Quadratmetern verteilen sich Einzelhandelsgeschäfte, die meisten aus der Textilbranche. Sechs weitere Etagen sind von Büros besetzt, großenteils mit Arztpraxen und Anwaltskanzleien. Viele große Glasflächen rundum sollen den 2013 „revitalisierten" Komplex in gedankliche Verbindung bringen mit dem (eher der Kunst dienenden) Glaspalast, der am 6. Juni 1931 gegenüber abgebrannt war. Und den Bezug zum direkt benachbarten Alten Botanischen Garten stellt die exotische Bepflanzung eines der drei kuppelgekrönten Innenhöfe dar. Da in den Kaufhauspalast fünf Eingänge aus allen Richtungen führen, hat er auch fünf Adressen.

*„Ich renne entsetzt an all den Haufen von einmaligen Gelegenheiten vorbei. Wie halten die Verkäufer das aus. Sie schicken mich freundlich zwischen verschiedenen Abteilungen und Stockwerken hin und her. Mein Wunsch ist eine Ermessensfrage. Mein Sohn ist kein Kind mehr. Und noch kein Mann. Eine Jethose muss es sein, Dunkelblau oder schwarz. Seine bisherige Skihose flattert ja richtig. Im Fahrtwind, man sieht ja nicht, wie schön er sich beim Slalom in die Kurve legt. Die größte Knabengröße oder die kleinste Männergröße muss es sein, wenn möglich nicht über einhundertfünfzig Mark. Da ist guter Rat teuer, die letzte Hose ging eben weg, noch keine fünf Minuten. Ich muss mich beruhigen, es ist zu eng hier und zu heiß. Ich schwatze noch etwas mit einer geradezu hoffnungslos netten Verkäuferin, die meine allerletzte Hoffnung war."*

KATRINE VON HUTTEN (1973), „Von Kopf bis Fuß"

# Das Katastrophenviertel

Feuer, Blut und Rätsel

Das entsetzlichste Flugzeug-Unglück in der deutschen Nachkriegsgeschichte hat am „Goldenen Samstag", den 17. Dezember 1960, 24 Stunden nach einer ähnlichen Katastrophe in New York, um 14.09 Uhr die Münchner Innenstadt heimgesucht. Eine amerikanische Convair C 131 mit 20 Insassen stürzte bei diesigem Himmel ab und zerschellte an der Kreuzung Bayerstraße/Martin-Greif-Straße, wo das Bahnhofsviertel an die Theresienwiese grenzt. Die Militärmaschine setzte ein Haus, eine voll besetzte Straßenbahn und mehrere Personenwagen in Flammen. Aus den ineinander verkeilten Trümmern wurden 49 verkohlte, verstümmelte Leichen geborgen: 27 Deutsche, 20 Amerikaner und 2 Syrer. In den Krankenhäusern starben weitere 4 der 13 Schwerverletzten.

Das Flugzeug, dessen Triebwerke erst 77 Stunden zuvor generalüberholt worden waren, hatte kurz nach dem Start in Riem einen Notruf gefunkt, der auf einen – rätselhaft gebliebenen – Motorschaden hindeutete. Augenzeugen sahen es noch in geringer Höhe über dem Wiesn-Viertel. Offenbar wollte der Kapitän, der mehrfach ausgezeichnete Major Connery (49), auf dem Festplatz notlanden. Jedenfalls streifte der Flieger den 97 Meter hohen Turm der Paulskirche, dessen Kreuz sich senkte, und schlitterte nach etwa 200 Metern über das Dach eines einstöckigen Gebäudes, wobei eine Tragfläche abbrach und das Haus sofort aufflammte.

Unmittelbar an der Kreuzung der vom Hauptbahnhof kommenden, weihnachtlich belebten Bayerstraße bohrte sich das Flugzeug in die Fahrbahn. Die zweite Tragfläche, ebenfalls mit Tausenden Litern Benzin gefüllt, stieß mit dem Anhänger eines Straßenbahnzuges der Linie 10 zusammen, in dem sich ungefähr 30 Menschen drängten. Im Nu war alles in Flammen gehüllt. Die Pilotenkanzel hatte nämlich eine unterirdische Gasleitung aufgerissen, sodass sich der Brand auf mehrere hundert Meter ausbreiten konnte.

Höllischer Qualm und Gestank verbreiteten sich über das ganze Bahnhofsviertel. Nur um wenige Meter hatte die Convair eine große Tankstelle mit drei unterirdischen Benzinkesseln „verfehlt". Tankwart Ritzinger berichtete dem Autor dieses Buches: „Ich war eben beim Autowaschen, als ich plötzlich die Maschine riesengroß auf mich zukommen sah. Dann war nur noch Chaos, wie nach einem schweren Luftangriff. Trümmer, Rauch und Schreie."

Oberbürgermeister Hans-Jochen Vogel sprach im Krankenhaus mit einem Verletzten. Dieser war im Auto mit seiner Frau von der Katastrophe überrascht worden und hatte gerade noch den Rückwärtsgang einlegen können. Als er aus dem unmittelbaren Gefahrenbereich herausgekommen war, brannte seine Frau neben ihm auf dem Beifahrersitz, sie überlebte nicht.

Der Fahrer der Unglückstram, Paul von Bornhorst, sah noch einige Menschen mit brennenden Kleidern aus dem Anhänger taumeln. Aber nur ein Ehepaar kam lebend heraus. Die Toten des Flugzeugs – 13 amerikanische Studenten und 7 Besatzungsmitglieder – konnten erst nach zwei Stunden aus den brennenden Trümmern befreit werden, sie wurden vor der Treppe eines Bierkellers aufgeschichtet. Das total verkohlte Wrack der Tram mitsamt den Leichen schleppte ein Tieflader erst in der Nacht zum Ostfriedhof, wo schon am 20. Dezember eine große Trauerfeier stattfand. Bis Weihnachten wurden alle Veranstaltungen in München untersagt, alle Fahnen wehten auf Halbmast.

Aus „einer der schwersten Katastrophen in der Geschichte Münchens" zog Oberbürgermeister Vogel schon am Tag nach dem Unglück eine wichtige Folgerung: Jetzt müsse man die Verlegung des Flughafens, die erst zwei Tage vorher den Planungsausschuss beschäftigt hatte, endlich „ernsthaft erwägen". Allerdings würde es sich um ein Milliardenprojekt handeln. Es dauerte noch bis zum 11. Mai 1992, bis im Erdinger Moos der Großflughafen Franz-Josef-Strauß in Betrieb genommen werden konnte.

## Großbrand im Gummilager

Die sich rasch ausbreitenden Brände in der Folge dieser Katastrophe erfassten auch das Metzeler-Reifenlager am Bavariaring. Schon im 19. Jahrhundert produzierte das 1863 gegründete Unternehmen weltweit gefragte Gummireifen für Motorräder, danach auch für Autos. 1933 begann die Herstellung von Radreifen aus synthetischem Kautschuk (Buna) – ein willkommener Beitrag zum Autonomie-Streben der neuen NS-Staatsführung.

An jenem Vorweihnachtstag 1960, als ein paar hundert Meter entfernt ein Flugzeug auf eine Straßenbahn stürzte, brannten auch die Gummi-Stapel. Dicker schwarzer, übel riechender Qualm verdüsterte den Ort der Katastrophe, mischte sich mit der Feuerglut und mit den Gerüchen aus den benachbarten Großbrauereien. Es entwickelte sich eine furchtbare Hitze, Mauern krachten zusammen. München erlebte die größte Brandkatastrophe seit den Bombennächten des Zweiten Weltkrieges.

Für die Firma Metzeler war dies allerdings nicht der erste Großbrand der Nachkriegszeit. Schon am 29. Oktober 1954, einem Freitag, hatte es kurz vor 18 Uhr bei Metzeler gebrannt. Dabei kam es zu einem Drama, das nicht nur vom Schrecken, sondern auch von einer mutigen Tat geprägt war. Zwei Arbeiter waren in einem Aufzug eingeschlossen, der im stickigen Schacht steckengeblieben war, von der Feuerwalze bedroht.

Mutig durchbrach unten vor dem Werkseingang der Fernfahrer Karl Reiter die Polizeikette, rannte zum Lagerhaus und holte aus der Werkstatt einen Schweißapparat. „Anders kriegen wir die nicht raus", brüllte er gegen den Lärm. Einige Werksangehörige wollten ihn zurückhalten. Aber Reiter war schon, zusammen mit drei Feuerwehrleuten und einem Arbeiter, in den Aufzugsschacht eingestiegen. Vom dritten Stock aus schoben sie Querbalken in den Liftkanal, direkt unter die Kabine mit den zwei Eingeschlossenen. „Haltet aus, wir holen euch von unten", riefen sie den Verzweifelten zu.

Am Tag, der dieser furchtbaren Nacht folgte, berichtete Josef Bauer, einer der Geretteten, im Krankenhaus dem Autor: „Dann hörten wir es zischen. Unten den Schweißbrenner. Oben das Feuer. Und von draußen die Wasserstrahlen der Feuerwehr. Die Hölle kann nicht schlimmer sein." Es mag kurz vor acht Uhr früh gewesen sein. Plötzlich gab der Boden nach. Stück für Stück brachen die Helfer die eisernen Bohlen heraus. Luft! „Dann fingen sie uns auf. Wie ich in die Klinik gekommen bin, weiß ich nicht mehr … "

Erst 1981, nachdem der Betrieb bereits über 3.000 Arbeiter beschäftigte, stellte das heute zum Bayer-Konzern gehörende Unternehmen die Produktion im Münchner Westen ein. Das Zentralgelände ist heute mit einer Nutzfläche von 30.000 Quadratmetern ein städtischer Gewerbehof, auf dem sich zunächst sanierungsbedürftige Betriebe und dann das Münchner Technologiezentrum, das als Modell vom Freistaat gefördert wurde, angesiedelt haben.

## Blut auf dem Oktoberfest

Die 17-jährige Berufsschülerin Claudia Zimmer hat nach einem heiteren Bummel eben das Oktoberfest mit ihrem Freund Manfred verlassen, als es kracht und blitzt um sie her. Im selben Augenblick verspürt der Festwirt Richard Süßmeier in seinem Büro einen starken Luftdruck, der die Bilder von den Wänden reißt; seine siebentausend Gäste merken nichts in ihrer Bierseligkeit, sie hören auch kaum hin, als der Dirigent der Blaskapelle nach Ärzten fragt. Das größte Bierfest der Welt ist zum Blutbad geworden.

Es ist der 26. September 1980 – ein Freitag, der immer besonders viele Menschen auf die Theresienwiese treibt. Der große Knall war um 22.30 Uhr zu hören – nach der Statistik genau die Zeit, die den größten Besucherstrom bringt. Die Explosion ereignete sich vor dem menschendichten Haupteingang – auch dies erscheint wie eine teuflische Kalkulation. Gezündet wurde, wie die Untersuchungen bald ergaben, eine neun Kilo schwere selbst bebaute Rohrbombe.

Zwölf Menschen wurden auf der Stelle getötet. Der Eisenhändler Ignaz Platzer (46) verlor seine beiden jüngsten Kinder, die beiden anderen wurden schwer verletzt, auch die Mutter rang mit dem Leben. Die zehnjährige Beate Werner lag tot neben ihrer Mutter, der ein Stück Bein weggerissen wurde. Als 13. Opfer stirbt noch ein 17-jähriger Lehrling. Die knapp über dem Boden – in einem eisernen Abfallkorb – platzierte Bombe hatte eine ungeheure Flächenwirkung.

160 Schwerverletzte wurden in die Krankenhäuser transportiert, wo die Ärzte das ganze Wochenende rund um die Uhr in Notoperationen um das Leben der Verletzten

kämpften. „Es ist die reinste Kriegschirurgie", sagte ein Oberarzt im Klinikum Rechts der Isar, wo man seit dem Absturz eines Flugzeugs mit einer kompletten Fußballmannschaft einige Katastrophenerfahrung hatte.

Während die Toten unter schwarzen Planen aufgebahrt wurden und 300 Polizisten das Gelände abriegelten, eilten führende Politiker herbei und äußerten ihre tiefe Betroffenheit. Bayerns Innenminister Tandler kam von einer Wahlkundgebung und hörte von Polizei-präsident Schreiber einen ersten Ermittlungsbericht. Auch Ministerpräsident Strauß traf wenig später am Ort der Katastrophe ein.

Über das Motiv für das Bombenattentat herrscht zunächst Ratlosigkeit. Sollte die Mordtat ein Fanal sein? Eine „Schicksalswahl", in der Franz Josef Strauß gegen Helmut Schmidt als Kanzlerkandidat antrat – stand bevor. Im festfrohen München hielten sich an besagtem Wochenende, an dem auch noch ein großes Fußballspiel stattfinden sollte, über 600.000 auswärtige Gäste auf. Und wie schon nach dem Attentat 1972 im Olympiapark („the Games must go on"), so ging auch auf der „Wies'n" der Trubel weiter, wenn auch deutlich gedämpfter (die Blaskapellen verwendeten erstmals eine Schallpegelregelung). Nur am folgenden Dienstag, als eine Trauerfeier für die Opfer stattfand, wurde das Okto-berfest unterbrochen. „Diese Stadt und dieser Staat", betonte Oberbürgermeister Erich Kiesl, „dürfen nicht erpressbar sein durch Verbrecher."

Bei den Ermittlungen stieß man schnell auf den Namen Gundolf Köhler, 21 Jahre alt, wohnhaft in Donaueschingen. Am Samstag um 9.20 Uhr wurde er als eine der Leichen identifiziert, seine Verletzungen wurden der Obduktion zufolge durch die unmittelbar bei ihm erfolgte Bombenexplosion verursacht. Die weitere Überprüfung ergab, dass dieser Mann mit der seit Januar 1980 verbotenen „Wehrsportgruppe Hoffmann" in Kontakt stand. Inwiefern diese neonazistische Organisation in das Attentat verwickelt war, konnte nicht geklärt werden.

Am Ende lautete das Fazit der 46.000 Blatt umfassenden Ermittlungsergebnisse: Der Attentäter Köhler war ein Einzeltäter. Der Anschlag sei das „Fazit einer persönlichen Kata-strophe." Der polizeiliche Abschlussbericht bestätigte immerhin noch „Kontakte" zur Hoffmann-Gruppe. Ein Jahr nach dem Anschlag wurde am Ort des Todes am Bavariaring eine Gedenksäule eingeweiht, zuvor hatte man privat errichtete Mahnmale rigoros ent-fernt. Im Dezember 1982 stellte Generalbundesanwalt Rebmann die Ermittlungen ein. Man müsse, hieß es, wohl davon ausgehen, dass Köhler die Tat als Einzelner geplant und durchgeführt habe. Dies wurde sowohl von einzelnen Politikern als auch Juristen stark kritisiert. Nach jahrelangen Recherchen und Anstrengungen – unter anderem des Rund-funkredakteurs Ulrich Chaussy sowie Angehöriger der damaligen Opfer und durch eine Anfrage der Bundestagsfraktion Bündnis 90/Die Grünen – wurden im Dezember 2014 die Ermittlungen wieder aufgenommen, um doch noch eventuelle Mittäter zur Rechen-schaft zu ziehen.

# Das Medienviertel

Basar der Meinungsmacher

In Londons legendärer Fleetstreet ankerten einmal die Flaggschiffe der britischen Presse. In Berlin ist das traditionsreiche Zeitungsviertel rund um die Kochstraße seit der Wende neu erblüht. In München gab es einmal drei große Zeitungshäuser, die weit auseinander lagen: in der Sendlinger Straße, in der Schellingstraße und in der Bayerstraße. Nur das Letztere ist an seinem Standort verblieben. Heute haben eine große Tageszeitung mit ihren Bezirksausgaben, eine Boulevardzeitung und etliche Anzeigenblätter in unmittelbarer Umgebung des Hauptbahnhofs ihr Hauptquartier. Dazu kommen zwei Rundfunkstationen. Und im Bahnhofsgebäude selbst bieten fünf Verkaufsstellen die internationale Presse an. Ein gut sortierter Medienmarkt, ein Basar der Meinungs- und Stimmungsmacher.

### Der Münchner Merkur

Gediegen ist alles an und in diesem Haus, man könnte auch sagen: altbacken. Die von dem Münchner Jugendstil-Architekten Martin Dülfer kurz nach 1900 geschaffene Fassade (im Giebel befand sich einst ein riesiges Höllenmaul als Anspielung auf das „Schandmaul der Presse"), die dunklen Treppenaufgänge mit dem schmiedeeisernen Handlauf, das Mobiliar wie etwa die dicken Ledersessel und die Eichen-Schreibtische für die Chefs, Antiquitäten, Holzschnitte. Nur die Beseitigung einiger konstruktiver und dekorativer Elemente hat das Äußere „ernüchternd entstellt", wie der Architekturhistoriker Wilfried Nerdinger bemerkt hat.

Sonst hat sich äußerlich nicht viel verändert, seit der aus Frankfurt zugewanderte Schriftgießereibesitzer August Huck 1911 das ehemalige Domizil der „Allgemeinen Zeitung" an der Bayerstraße und dazu gleich noch ein paar Anwesen um die Ecke in der Paul-Heyse-Straße aufgekauft hatte. Hier ließ der Zeitungskönig, der bereits im ganzen Deutschen Reich bis hinauf nach Stettin diverse Titel besaß, seine seit 1912 hergestellte „Münchner Zeitung" auf der damals modernsten MAN-Rotationsmaschine Süddeutschlands drucken. Sie gab sich als das „erste unparteiische und unabhängige Blatt in München" aus und entwickelte sich, neben den liberalen „Münchner Neuesten Nachrichten", zur zweitgrößten Zeitung Bayerns. Am 31. März 1943 wurde sie vom NS-Propagandaministerium verboten.

*Das Stammhaus des Münchner Merkur.*

Trotzdem hatten es die Lizenz- und Tonangeber der US-Armee nach dem Krieg nicht eilig, dem nur leicht zerbombten Haus neues Leben einzuhauchen. Ihre eigene „Neuen Zeitung" und die leicht linke „Süddeutsche Zeitung" hatten Vorrang. Als Herausgeber erwählten sie schließlich drei eher der (zeitweise im selben Haus residierenden) CSU zugeneigte Herren, darunter Gründererbe Wolfgang Huck. So entstand erst der „Münchner Mittag", der eigentlich eine Boulevardzeitung hätte werden sollen, und ab 1. August 1948 der „Münchner Merkur" (MM), der seinen Namen von einem ins Jahr 1680 datierenden Vorgänger namens „Mercurii Relation" ableitete. Sogar ein Symbol des geflügelten Götterboten erschien noch zehn Jahre lang im Kopf.

Die Redaktion zierte so mancher kluge Kopf, weshalb sich der „Merkur" zeitweise durchaus mit den größeren Konkurrenten messen konnte. Da waren etwa Schöngeister wie der langjährige Chefredakteur Dr. Felix Buttersack, welcher sich für das Münchner Stadtbild einsetzte, der Theaterkenner und Gelegenheitsschauspieler Walter Kiaulehn aus Berlin oder der altgediente Feuilletonist Dr. Rolf Flügel, der rückblickend die „rein berichtende Behandlung der Politik" zugunsten von Unterhaltung und „lebhafter Fühlung mit der Leserschaft" kritisierte.

Doch auch politische Köpfe machten sich, nicht zuletzt in Fernseh-Talkshows, früh bemerkbar. So etwa die Chefredakteure Kurt Wessel und Paul Pucher, welcher mit dem „heimlichen Mitherausgeber Strauß" die Klinge kreuzte. Oder der erzliberale Paul Noack und Herbert Riehl-Heyse, der später als Starschreiber der „Süddeutschen Zeitung" eine bitter-ironische Reportage über die MM-Vorgesetzten lieferte, welche ihre Mitarbeiter in der Redaktion behandelt hätten „wie ostelbische Gutsherren ihre polnischen Saisonarbeiter".

Inzwischen hatte ein neuer, ein junger Mann die Macht im Pressehaus ergriffen: Dr. Dirk Ippen aus Westfalen, der wie seinerzeit Huck auch schon andere Zeitungen besaß. Er steigerte Auflage und Ertrag, indem er gleich mal 300 Mitarbeiter „freistellte", den veralteten Bleisatz abschaffte, eine Menge Geld investierte und den ganzen Betrieb dezentralisierte. Nicht mehr die Stadt München, wo der MM-Anteil am Zeitungsverkauf auf 21 Prozent gesunken war, sondern die – meist ohnedies besseren – Regionalausgaben rückten in den Fokus. Binnen weniger Jahre konnten 180.000 Exemplare täglich verkauft werden, zwischen Chiemgau und Pfaffenwinkl war und ist „Merkurland". Ippens Idee: „Wir sind kein großer Verlag, sondern viele kleine Heimatblätter." Tägliche Kost für die als Zielgruppe definierte „bürgerliche Familie".

## Die tz

Im legendären Jahr 1968, das so vieles umgewälzt hat, geriet auch der Münchner Pressemarkt in Bewegung. Mit dem geheimnisvollen Titel „tz" auf orangefarbenem Grund und einem bodenständigen „Grüß Gott" in der Titelzeile erschien am 18. September eine neue „Münchner Zeitung". Schon um 9 Uhr war kein Exemplar mehr zu haben.

Kein Wunder, die erste Nummer, in einer Startauflage von über 300.000 im Verlagshaus des Münchner Merkur gedruckt, wurde verschenkt. In 80 Tagen hatte das 25-köpfige Redaktionsteam in nagelneuen, seinerzeit noch neuartigen Großraumbüros, die so gar nicht in das altmodische Jugendstilhaus passten, zehn Probenummern zusammengestellt.

Ein gewagtes Unternehmen, nachdem in München bereits zwei seriöse Morgenzeitungen und zwei große Boulevardblätter mehr als genug Leser versorgten. Immerhin hatten Marktforscher eine Lücke entdeckt, die der vom Fernsehen abgeworbene Chefredakteur Erich Helmsdorfer („Alles oder nichts" hieß seine Quizsendung) mit der „tz" als „urbayerischem Produkt mit Münchner Charme und Gelassenheit" füllen wollte. So wurde das Lokale von vornherein als „München und Drumherum" bezeichnet und das Schwergewicht des Vertriebs entsprechend verteilt. Bei der Kultur hingegen wurde überregionaler Anspruch geltend gemacht. Der Berliner Universalkünstler Friedrich Hollaender schrieb regelmäßig aktuelle Feuilletons, der Hamburger Autor Walter von Hollander eine Serie über „Mannsbilder" und täglich gab es – erstmals in der Stadt – eine große Fernsehseite sowie ein „Redaktions-Bienchen". Politisch durfte man sich sogar ein bisschen liberaler geben als die „Mutterzeitung" MM.

So konnte die kesse Zeitung mit dem nie recht plausibel gemachten Namen auf eine Rekordauflage von über 182.000 klettern und damit bereits 1984, zwei Jahre nach der Übernahme des Hauses durch Dirk Ippen, den Merkur überholen, sodass sie sich nun „Schwesterblatt" nennen konnte. Ein gut Teil des Erfolgs verdankt sie wohl dem aus Linz stammenden Zeichner Horst Haitzinger, der von Anfang an jeden Tag nach Absprache mit der Redaktion eine politische Karikatur liefert. Inhaltlich legt die Chefredaktion den Schwerpunkt heute auf „Geschichten, Schicksale und vor allem das Lebensgefühl unserer Heimatstadt". So hat die „tz" denn auch dem allgemeinen Zeitungsschwund relativ gut standgehalten, mit einer Druckauflage von 176.849 – wovon allerdings nur 134.000 Exemplare verkauft wurden – rangierte sie im ersten Quartal 2014 weit vor der „Abendzeitung".

## Die Abendzeitung

Als die „Abendzeitung" im September 2008, zusammen mit der „Süddeutschen Zeitung", aus ihrem Stammhaus in der Sendlinger Straße vertrieben wurde und in die dritte Etage eines nüchternen Neubauklotzes am Rundfunkplatz übersiedelte, war ihre Druckauflage bereits auf 230.000 gesunken (die „tz" verkaufte damals noch 335.000 Stück). Doch das neuen Domizil brachte ihr auch kein Glück. Weil es trotz neuer Chefredaktion sowie noch mehr Gewicht auf Service, Sport und Lokalem weiter bergab ging, beantragte die Geschäftsführung im März 2014 die Insolvenz. Zuletzt waren rund 70 Millionen Euro Schulden aufgelaufen. Damit waren die Privatkasse der Gründerfamilie Friedmann und die Erträge aus dem Verkauf der alten Immobilie aufgezehrt. Nach längerem Überlegen kaufte der Straubinger Zeitungsverleger Professor Dr. Martin Balle das marode Medium. Wohl auch aus Kostengründen verlagerte man die Restredaktion vom Bahnhofsviertel hinaus in die Garmischer Straße. Der Fokus liegt heute auf der Lokal-, Stadtteil- und Sportberichterstattung.

### Der Bayerische Rundfunk

„Bauplatz beim Verkehrsministerium", notierte der Architekt Richard Riemerschmid am 12. März 1927 ins Tagebuch. Dem bombastischen Neo-Barockpalast, der nach dem Ersten Weltkrieg als Verkehrsministerium wichtige Funktionen verloren hatte, stellte er einen Bau im kühlen, kubischen Stil der 1920er-Jahre gegenüber; er gestaltete auch die Inneneinrichtung. Sein Neffe, der Likörfabrikant Robert Riemerschmid, gründete indes zusammen mit drei anderen Münchnern die „Deutsche Stunde in Bayern". Sie ging am 30. März 1924 von einem Studio im Verkehrsministerium aus auf Sendung.

Die Eröffnungsansprache und das anschließende Festkonzert wurden drahtlos ins Auditorium maximum der Universität übertragen. Die ersten Sendungen beinhalten in erster Linie Zeitansagen, Nachrichten, Wetterberichte, Börsennachrichten und Musik. Aber schon am 4. September 1924 wurde erstmals ein Sängerwettbewerb mit immerhin 3880 Meldungen gesendet und am 21. Februar 1925 die erste Oper, der „Lohengrin".

Das eigene moderne Funkhaus, das erste im Deutschen Reich, wurde am 30. Juni 1929 eingeweiht. Der Name „Bayerischer Rundfunk GmbH" tauchte 1931 auf, als bereits eine Viertelmillion Hörer gezählt wurden. Die Funkhoheit oblag der Reichspost, sie lizenzierte nicht nur die Radioproduktion, sondern sogar den Empfang. Die Hörer mussten sich anfangs noch mit komplizierten Detektor-Geräten abquälen. Radioapparate mit Röhre und Trichter ließen aber nicht lange auf sich warten. Man konnte sie sogar selber basteln. 1932 wurde der Lautsprecher integriert, und im selben Jahr wurde bei Ismaning ein erster Sendeturm aus Holz errichtet.

Nicht jeder der 355 Rundfunkhörer, die gleich am Anfang dabei waren, hat die „drahtlose Unterhaltung und Belehrung" in den richtigen Kanal bekommen. So beschwerte sich eine Hörerin, dass die Programmmacher in München zu ihrem 80. Geburtstag nur eine Grammophonplatte auflegten, statt den Startenor selbst ans Mikrophon zu stellen. Die vielen Kritiker musste man ebenso zufriedenstellen wie die Bastler, die mit der Gebrauchsanweisung für Detektor und Stangenmast nicht zurechtkamen. Der Staatssekretär für das Telegrafen-, Fernsprech- und Funkwesen und spätere „Reichs-Rundfunk-Kommissar" Hans Bredow beklagte auch bald schon „eine sehr große Anzahl" von Schwarzhörern, die sich die zwei Mark Monatsgebühr sparen wollten.

Natürlich wussten Industrie und Geschäftswelt das neue Medium schnell zu vermarkten. Angeboten wurden Baukästen mit kompletter Empfangsstation, ein Radio-Clubsessel

*Die Gebäude des Bayerischen Rundfunks –*
*Dominanten im Bahnhofsviertel.*

oder Radiohäubchen für Damen, die das Verunstalten der Frisur durch Kabel verhindern sollten. Vom Start weg gab es Werbespots.

Im März 1933 hissten neue politische Machthaber eine Hakenkreuzfahne am Münchner Funkhaus und ihr Propagandaminister Joseph Goebbels verkündete dort eine neue Botschaft: „Der Rundfunk ist das modernste Massenbeeinflussungsmittel." Ab 1934 war der „Reichssender München" nur noch Ableger des „Großdeutschen Rundfunks". Als Pausenzeichen erklangen fortan die Gralsglocken aus dem „Parsifal". Jazzmusik war verboten, nach Kriegsbeginn auch das Abhören von „Feindsendern". In der Nacht zum 29. April 1945 verbreitete der Sender, nach kurzfristiger Besetzung durch die „Freiheitsaktion Bayern" letzte Lügen – und verstummte.

„Re-Education" (Umerziehung) hieß die strenge Botschaft der amerikanischen Besatzer, als sie „Radio Munich" ab Mai 1945 die ersten Sendungen erlaubten. „Korrespondenten" in US-Uniform brachten von einer Dienststelle in der Großmarkthalle per Jeep handschriftliche Zettel für die ersten Nachrichtensendungen ins Funkhaus. Es handelte sich überwiegend um Zahlen zur Versorgung der Bevölkerung. Dann wurden die von deutschen Mitarbeitern aus dem Englischen übersetzten Meldungen zur Tegernseer Landstraße gefahren, um das „OK" der Information Control Division zu bekommen, was nicht immer geschah.

Obwohl der schwer kriegsbeschädigte Bau schon bis Sommer 1946 wieder aufgebaut war, dachte man an ein neues, viel größeres Funkhaus. Adolf Abel, als Hausarchitekt der Nachfolger Riemerschmids, entwarf denn auch einen riesigen, multikulturellen Komplex mit drei Konzertsälen. Das Projekt scheiterte an der Kostenfrage und am ausersehenen Standort im Hofgarten.

Im Januar 1949 erhielt der Bayerische Rundfunk (BR) von den Amerikanern die Lizenz als Anstalt des Öffentlichen Rechts. Im selben Jahr wurde der erste UKW-Sender Europas in Betrieb genommen, er ermöglichte ein zweites Hörfunkprogramm (heute sind es fünf). Zwischen 1949 und 1952 wurden nicht nur das Symphonieorchester des Bayerischen Rundfunks und das Münchner Rundfunkorchester gegründet, sondern auch der Sender Nürnberg eingeweiht und erste Werbefunksendungen ausgestrahlt.

Während der ersten Energiekrise Anfang der 1950er-Jahre schlug Bundeswirtschaftsminister Ludwig Erhard vor, den Stromverbrauch durch eine Verkürzung der Radiosendezeit um täglich fünf Stunden zu reduzieren. Daraufhin errechnete der Technische Direktor des BR eine monatliche Einsparung von nur 3514,85 Mark, was er gegenüber den Nachteilen, die diese Einschränkung bringen würde, als bedeutungslos bewertete. In den 1960er-Jahren versuchte es der Hörfunk mit „Plaudereien nur für ihn", die weiblichen Hörer bat der Sprecher umzuschalten und erzählte den Herren beispielsweise Lockeres über Stripperinnen in Paris.

Ungewöhnlichen Widerhall fand ab April 1963 die Reihe „Pfarrer Sommerauer antwortet". Abertausende von Hörern wandten sich mit ihren Problemen brieflich oder telefonisch an den schwer kriegsversehrten evangelischen Prediger, der nach der hundertsten Sendung und etlichen Beschwerden als „Seelsorger der Nation" aufgab, um über „Machthaber" und „Bürokraten" des Fernsehens zu schimpfen. 1966 erregte die „sexy Stimme" der heute noch aktiven Ansagerin Lotti Ohnesorge viele Hörer derart, dass es einen kleinen Eklat gab und Lotti ihre mit Protestsongs durchsetzte Mitternachtssendung nur noch alle 14 Tage moderieren durfte, was wiederum zu einer Anfrage beim Bundesarbeitsminister führte.

Pathetisch klang die Botschaft am 22. September 1964: „Heute beginnt ein neuer Abschnitt der deutschen Fernsehgeschichte." Ministerpräsident Alfons Goppel sprach im Bayerischen Rundfunk, als dieser erstmals ein eigenes Fernsehprogramm ausstrahlte. Zunächst unter der Bezeichnung „Studienprogramm" und noch einzigartig in Europa. Begonnen wurde mit einem zeitgeschichtlichen Vortrag von Golo Mann („Der Weg in die Teilung") und einem Italienisch-Kurs für Anfänger. Aus dem vor einem halben Jahrhundert begonnenen Experiment entstanden die heutigen Dritten Programme der ARD.

Immer wieder wurde der CSU und den von ihr getragenen Staatsregierungen unterstellt, missliebige Sendungen abzukanzeln oder zu unterdrücken sowie ihren Einfluss auf den Bayerischen Rundfunk zu festigen und zu erweitern. Massiv war dies beim Inkrafttreten des neuen Rundfunkgesetzes vom 1. März 1972 der Fall. Dagegen organisierte ein Landesbürgerkomitee ein Volksbegehren, das über eine Million Unterschriften sammelte, von der CSU jedoch für verfassungswidrig erklärt wurde. Aber noch vor dem Gang zum Verfassungsgericht sah sich Franz Josef Strauß, der eine fünf Seiten starke Rede senden durfte, zum einlenken gezwungen. So kam doch noch ein Artikel in die Verfassung, der Staatsferne und öffentlich-rechtliche Trägerschaft festschrieb.

Statt des nach dem Krieg geplanten Neubaus an einem anderen Standort wurde das alte Haus zur Marsstraße hin erweitert. 1976 wurde an der Arnulfstraße sogar noch ein Hochhaus angefügt. Helmut von Werz, einer der führenden Nachkriegsarchitekten in München, wollte mit den beiden L-förmigen, 17 und 19 Stockwerke hohen Gebäudeteilen einen deutlichen Akzent neben das horizontale Monstrum der Bahngleise setzen. Der Neubau ist heute, neben der Paulskirche, ein Wahrzeichen des Bahnhofsviertels. 2012 leitete der Sender nun einen weiteren Veränderungsprozess ein, genannt „BR hoch drei". Eines der Ziele ist es, Hörfunk, Fernsehen und Online-Medien in „trimedial arbeitende Einheiten" zu bündeln.

## Radio Charivari

Als kleine Konkurrenz zum Bayerischen Rundfunk etablierte sich am 1. April 1984 als einer der ersten kommerziellen Privatsender – und als Hoffnungsträger des Verlegers Dirk Ippen – „Radio Charivari" im Pressehausflügel an der Paul-Heyse-Straße. Zusammengefügt wurde er aus sechs winzigen Lokalsendern, die den Großraum München fast ausschließlich mit Unterhaltungsmusik berieselten. Viel anders sieht das Programm, das dieses „Hitradio" (Selbstwerbung) nunmehr in ganz Bayern rund um die Uhr ausstrahlt, heute auch nicht aus. Dazu kommen jedoch ein buntes Online-Angebot und Links zum Social Media sowie zahlreiche Events und Aktionen, die in erster Linie Jugendliche ansprechen.

# Das Sozialviertel

## Menschlichkeit am Zug

In und an Bahnhöfen großer Städte wird oft „Strandgut" der Gesellschaft angeschwemmt: Nichtsesshafte, Drogenabhängige, Flüchtende und Vereinsamte, Prostituierte und ihre Freier. In finsterster Zeit hatte der Kopfbahnhof von München noch andere „Nebengleise", war Sammellager, Zwangsarbeitsstelle, Abschieberampe. Doch immer waren und immer noch sind Nothelfer zur Stelle. Sie vermitteln und betreuen, speisen die Hungernden, trösten die Trauernden, weisen Ratlosen mögliche Wege. Nach dem Zweiten Weltkrieg waren es ein paar Menschenfreunde – wie der legendäre Anton Schneid, genannt „Staatsbürger" –, die sich in den ruinösen Hallen um Versprengte und Leidende kümmerten. Nach und nach richteten städtische und vor allem kirchliche Hilfsstellen hier Anlaufstellen ein. So ist am und um den Bahnhof eine Art Sozialviertel entstanden, ein Musterstadtteil für tätige Nächstenliebe.

### Die Bahnhofsmission

München Hauptbahnhof, Gleis 11. Im Frühjahr 1973 waren hier die ersten Sonderzüge mit türkischen „Gastarbeitern" angekommen (siehe im Kapitel „Das Weltstadtviertel"), um am deutschen Wirtschaftswunder teilzuhaben. An einem Apriltag des Jahres 2014 informiert die dort angesiedelte Bahnhofsmission über das Thema Armut. In dieser saturierten Landeshauptstadt gelten 178.000 Bürger amtlich als arm. Am Bahnsteig geht es indes um Armut weltweit. 91 Prozent der durchschnittlich 300 Menschen aus vielen Ländern, die hier jeden Tag um Rat und Hilfe bitten, befinden sich in sozialen Schwierigkeiten, viele sind obdachlos, manche gebrechlich. 72 Prozent der Kontaktsuchenden werden als Migranten registriert. Alle bekommen sie ein Schmalzbrot und ein warmes Getränk; einige füllen sich die Tasse halbvoll mit Zucker – ein Überlebenstrick der Hungernden. Jede Nacht dürfen vier bis fünf Frauen in einem der Räume, die sich die beiden christlichen Kirchen teilen, übernachten.

Rund um die Uhr und an allen Tagen im Jahr haben sie zu tun: die 130 ehrenamtlichen und 14 hauptamtlichen, meist fremder Sprachen kundigen Mitarbeiter der ältesten ökumenischen Sozialorganisation Deutschlands. Schon 1895 gründete die für Frauenrechte kämpfende Politikerin Ellen Ammann in München einen Marianischen Mädchenschutz-

*Ankunft italienischer „Gastarbeiter" in München.*

verein. Dieser schloss sich 1910 mit einer ähnlichen Einrichtung der evangelischen Inneren Mission in der Landwehrstraße zur Kirchlichen Bahnhofsmission zusammen.

Die freiwilligen Helfer, überwiegend Frauen, kümmerten sich zunächst vor allem um „gefallene Mädchen", um Trinker und Strafentlassene. Damals suchten viele Töchter vom Land, die es in die Stadt verschlagen hatte, dort Schutz und Obhut, Arbeit und Unterkunft. 1939 wurden die Bahnhofsmissionen zugunsten der nationalsozialistischen „Volkswohlfahrt" verboten. Nach dem Krieg waren sie aufgrund neuer gesellschaftlicher Probleme wichtiger denn je. Heimkehrende Soldaten, Flüchtlinge und Auswanderer benötigten jetzt ihre Hilfe.

Später wurden an Gleis 11 reisende Kinder, Heimkehrer aus der Gefangenschaft und Vertriebene betreut, noch später Interzonen-Reisende, ausländische Arbeitnehmer und Asylsuchende. Die nötigen Mittel kommen nach wie vor vom Erzbischöflichen Ordinariat und der Evangelischen Landeskirche, doch sind auch Zuschüsse der Stadt und Spenden unverzichtbar.

In Gegenwart und Zukunft sehen sich die vielen Mitarbeiter einer besonderen Mission verpflichtet, zumal immer mehr Automaten und weniger Personen den Reiseverkehr bedienen: „Die Bahnhofsmissionen sorgen mit dafür, dass die Bahnhöfe ein menschliches Gesicht bewahren." Längst haben sie soziale Netze weit über die Stadt gespannt, von der Arbeitsagentur bis zur Wohnungslosenhilfe. Doch der Hauptbahnhof, den täglich etwa 450.000 Menschen passieren, ist die wichtigste Anlaufstelle geblieben. „Menschlichkeit am Zug", lautet ein Motto.

### Die Mitternachtsmission

Jeden Abend gehen die Mitarbeiterinnen der Mitternachtsmission – ausgebildete Sozialarbeiterinnen und teils sogar ausgestiegene Prostituierte – in Animierbars und -clubs im Umkreis der großen Verkehrsdrehscheibe. Sie besuchen Bordelle, sogenannte Laufhäuser und jene öden Stadtrandzonen, wo der in München besonders streng reglementierte Straßenstrich amtlich erlaubt ist, während das Bahnhofsviertel seit dem Olympiajahr 1972 amtlich Sperrbezirk ist. Sie sprechen die Mädchen – die jüngsten sind 13 – und die „anschaffenden" Frauen als Freundinnen an, plaudern mit ihnen, verteilen Informationsmaterial, etwa über neue HIV-Erkenntnisse. Ihr Auftraggeber ist das Evangelische Hilfswerk, eine Tochter der Inneren Mission. Die weiblichen Streetworker versuchen jedoch keinerlei Bekehrung, sie helfen allenfalls dann, wenn eine der nach wie vor stigmatisierten, oft auch bedrohten und ausgebeuteten Frauen wirklich aussteigen möchte.

Aus der „Mitternachtsmission" – 1935 gegründet von Wilhelm Knappe, dem Pfarrer der bald danach von den Nazis niedergerissenen Matthäuskirche – ist 1989 die Beratungsorganisation „Mimikry" hervorgegangen. In der Seidlstraße 4 werden Zugewanderte im Alter von 12 bis 27 Jahren beim Integrationsprozess von Mitarbeitern der Inneren Mission beraten. Und seit 1994 gibt es die ebenso ungewöhnliche Stricher-Beratung „Marikas". Sie will den hauptsächlich im Bahnhofsmilieu lungernden jungen Männern, auch sie meist Zuwanderer, einen „Ausweg aus der Sackgasse" weisen. Immer noch ist das älteste Rotlichtmilieu der Stadt für viele Homosexuelle eine Art Eros-Center – und ein nicht ganz ungefährlicher Ort, wie der Mordfall des Modemachers Rudolph Moshammer gezeigt hat.

Eine der scheußlichsten Zeiterscheinungen findet in einem der schönsten Jugendstilhäuser Münchens aktive Gegenwehr. „STOP dem Frauenhandel", steht auf einem der vielen Türschilder des Hauses Nr. 79 an der Schwanthalerstraße (auch der Kameradenkreis der Gebirgstruppe ist hier in Stellung gegangen). „Sklaverei ist wohl der passende Begriff", sagt Geschäftsführerin Juliane von Krause, die mit drei Mitarbeiterinnen ihres gemeinnützigen Vereins „Jadwiga" und Unterstützung anderer Hilfsorganisationen seit 1999 in München gegen das Geschäft mit der „Ware Frau" angeht.

Unterstützt werden alljährlich etwa 80 Frauen, die aus der Zwangsprostitution frei kamen, damit sie die Erniedrigungen, die Angst und Gewalt, die sie erlebt haben, in einem sicheren Umfeld verarbeiten, sich psychisch wie körperlich erholen und neu orientieren können. „Und wenn sie den Mut haben, als Zeugin gegen die Täter auszusagen, begleiten wir sie vor Gericht." Geholfen wird auch bei der von den meisten erhofften Heimreise. Ihr Alter liegt zwischen 18 und 25 Jahren. Sie kommen ausschließlich aus Osteuropa, Asien und Afrika und der erschreckende Trend ist: Die Opfer, vor allem bei der Zwangsprostitution, werden immer jünger. Auch muss Jadwiga immer öfter bei drohender oder erfolgter Zwangsheirat in muslimischen Familien eingreifen.

### Die Telefonseelsorge

Dieses Haus hat jedes Jahr 30.000 bis 35.000 „Klienten", von denen die meisten aber nicht persönlich in den begrünten Hinterhof der Landwehrstraße 15 kommen, sondern sich telefonisch melden. Es sind Menschen in Krisensituationen: schwangere Mädchen, traumatisierte Flüchtlinge, Armutszuwanderer, Arbeitslose, Depressive, Einsame und andere aus dem weiter wachsenden Kreis derer, die – nach Matthäus – „mühselig und beladen" sind. Rund um die Uhr stehen 120 ehrenamtliche Berater unter der Rufnummer 0800/1110111 für sie bereit. Nach Namen, Konfession, Nationalität oder Lebensweise fragen sie grundsätzlich nicht.

In jenem Jahr 1968, als sich die Gesellschaft fast revolutionär veränderte, war die Telefonseelsorge auf Anregung von Pfarrer Harsch eingerichtet worden. Ihr Motto war: „Für 20 Pfennig kann jeder Tag und Nacht einen Menschen finden, der ihm zuhört, ihm einen Rat gibt oder ihn an einen erfahrenen Fachmann weitervermittelt." Lange zuvor schon hatten sich christlich eingestellte ältere Damen bei der Erziehungs-, Ehe- und Lebensberatung engagiert. Hinzu kamen pastoral-psychologische und sozialtherapeutische Programme sowie Beratungsangebote für Schüler und Lehrer. Und 1978, aufgrund der

*Eingang zum Evangelischen Beratungszentrum.*

Indikationsregelung, eine professionelle Schwangerschaftsberatung. Um alle diese Dienste unter ein gemeinsames Dach zu bringen, wurde 1982 das große Haus in der Landwehrstraße gebaut. „Eine ungewöhnliche Mischung", sagt Kirchenrat Klaus Schmucker, der Aufsichtsratsvorsitzende dieses „Evangelischen Beratungszentrums" (ebz).

Schmucker stellt fest, dass der Beratungsbedarf steigt, weil eine häufig wechselnde Gesetzeslage viele Betroffene verunsichert, weil die materielle Not und der soziale Druck allgemein zunehmen. Einsamkeit und Beziehungsprobleme waren bisher die häufigsten Auslöser für Anrufe bei den geschulten Telefonseelsorgern. Einen wachsenden Anteil aber nehmen psychische Probleme, Angststörungen, Depressionen und „diffuse Ängste" ein. 23 Prozent der Kontakte betreffen psychische Störungen. Auch Trennung und Scheidung (in München jede zweite Ehe) spielen eine Rolle. Einer von hundert Anrufern äußert Selbstmordabsichten. „Wir sind flexibel und versuchen, unsere Konzepte jeweils den gesellschaftlichen Veränderungen anzupassen", sagt Pfarrerin Gerborg Drescher, die das ebz leitet. Sie bedauert nur, dass die öffentlichen Gelder eher gekürzt als vermehrt werden.

## Der Drogennotdienst

Ein anderer Innenhof der Landwehrstraße: das „L 43". Rund um die Uhr hat es geöffnet. Hier können Erwachsene, die von illegalen harten Drogen abhängig sind, eine kostenlose Unterkunft bekommen. Ausgegeben werden auch saubere Spritzen; jedes Jahr werden etwa 90.000 Ampullen verbraucht. Die Schlafsäle mit insgesamt 33 Betten sind bis 20.30 Uhr verfügbar und fast immer besetzt. Viele Drogenkranke müssen mangels Kapazität aber abgewiesen werden. Manche finden Zuflucht für eine Nacht, andere ein Zuhause für Wochen; die durchschnittliche Verweildauer liegt bei 28 Tagen. Man versucht, es für die Gestrandeten ein wenig gemütlich zu machen: Sofa, Kickertisch, Stereoanlage, Lebensmittel. Natürlich gibt es strenge Regeln: „Kein Drogenhandel, keine Gewalt, keine Hehlerware". Und Vorsicht ist immer geboten: „Die Spinde sind nicht einbruchssicher."

Unterhalten wird dieses Notquartier von der Stadt München, dem Bezirk Oberbayern und durch Spenden. Das Betreuungskonzept obliegt dem privaten Verein „Prop", der sich der Prävention, der Jugendhilfe und der Suchttherapie widmet. Auch eine telefonische Drogenberatung (089/54908630) steht bereit. Das Haus will deutlich mehr als ein schnelles Notquartier bieten. „Wir versuchen, unsere Gäste wieder in den Alltag zu integrieren", sagt die freundlich-bestimmte Betreuerin Regina Radke, die an der Theke auch Getränke ausgibt, allerdings keine alkoholischen. Alkohol ist nicht erlaubt, „aber wir drücken bei einer Bierflasche schon mal ein Auge zu." Was häufig Ärger mit Nachbarn macht. Das erklärte Ziel der Einrichtung lautet: „Die Autonomie stärken."

## Das Schwalbennest

„Soziale Kontakte aufbauen" – das ist eines der Ziele in einem Clubhaus, das sich „Schwalbennest" nennt. Nach dem Vorbild einer amerikanischen Selbsthilfeorganisation wurde es 1978 in der Landwehrstraße 22 eröffnet. München bekam damit die erste Einrichtung für psychisch kranke Erwachsene, die den Tag nach gemeinschaftlich durchdachten Einheiten strukturiert. In dieses Haus kommen Menschen nicht als Patienten oder Klienten, sondern als Mitglieder. Sie wollen im Schwalbennest „arbeitsorientierte Tage" erleben.

Freiwillige Tätigkeiten und Trainingskurse verschiedener Art (vom Kochherd bis zum Computer), die den Talenten und Vorlieben entsprechen, gemeinsame Veranstaltungen

*Quartier im Drogennotdienst.*

und Reisen sollen Selbstvertrauen und Selbstwertgefühl stärken. Regelmäßige Führungen (Anmeldung unter 089/6804590) vermitteln Interessenten einen ersten Eindruck. Aufgenommen werden „Psychiatrie-Erfahrene" nach einer Orientierungsphase. Die Mitgliedschaft ist dann kostenlos und zeitlich unbegrenzt, wie immer sich die Krankheit entwickeln mag. Auch Beratung und Begleitung bei Behördengängen werden angeboten. Inzwischen gibt es über 400 solcher Clubhäuser in 28 Ländern.

### Weitere soziale Einrichtungen

Für 15 Millionen D-Mark hat der Deutsche Gewerkschaftsbund im Jahr 1993 seine Landeszentrale in der Schwanthalerstraße, die er 1955 bezogen hatte, „vom Muff der Fünfzigerjahre befreien" lassen. Nachdem jetzt ein Drittel der Münchner Bevölkerung einen

*Die Migrationsberatung, kurz „Schiller 25" genannt.*

„Migrationshintergrund" hat, will das DGB-Bildungswerk dort etwa in die „interkulturelle Kompetenz" einführen oder in Rundgängen daran erinnern, wie es besitz- und gewerbelosen Zuwanderer schon im 19. Jahrhundert gelungen war, in Münchens Vororten eine neue Form des Zusammenlebens auf engstem Raum zu entwickeln.

Das Hauptquartier für Asylbewerber hat seinen Sitz in Hausnummer 9; es bietet sogar 125 Schlafplätze für Notfälle an. Das Amt für Wohnungshilfe beansprucht gleich drei Hausnummern. In der Schillerstraße 25/Ecke Landwehrstraße gibt es unter Leitung der Rumänin Andreea Untaru eine Beratungsstelle für wohnungslose Migranten. Im Winter ist es auch ins städtische Kälteschutzprogramm einbezogen, sonst liegt der Schwerpunkt auf Streetwork.

Der Vollständigkeit halber sei noch erwähnt, dass im Bahnhofsviertel außerdem zu finden sind: eine Union der Arbeitnehmer, eine Blinden- und Sehbehindertenfürsorge, zwei Gehörlosen-Gemeinden, eine Gesellschaft taubblinder Menschen, die Münchner Kontaktstelle für Anonyme Alkoholiker, ein Arbeitnehmerlohnsteuerhilfeverein sowie das Ernährungsinstitut des Dr. Govan Stojmenuvic. Kaum sonst irgendwo ist das soziale Netz dichter gespannt.

# Das Zukunftsviertel

Modell oder Mini-Manhattan?

Der kunterbunte Kosmos des Münchner Bahnhofsviertels soll einer gründlichen Kur unterzogen werden. Darum sind etliche städtische und private Initiativen mehr oder weniger konkret bemüht. Ein von dem mehrfachen Hotelbesitzer Professor Fritz Wickenhäuser gegründeter Verein und der Bezirksausschuss Ludwigsvorstadt, dem Alexander Miklosey von der den Grünen zugeordneten „Rosa Liste" vorsteht, möchten die Gegend südlich des Hauptbahnhofs vom immer noch anhaftenden Schmuddel-Image befreien, ohne die quirlige, kreative, kleinteilige Struktur und Subkultur wesentlich zu verändern.

Auch die beiden im Rathaus regierenden Großparteien haben das Bahnhofsviertel im Oktober 2014 in den Fokus genommen. Die SPD-Fraktion fordert von der Stadtverwaltung, ein Konzept für eine hohe Aufenthalts- und Lebensqualität zu erarbeiten, wobei sie recht konkret auf die Reinigung der vielen Bauplätze, die Abfallentsorgung und die Straßenbeleuchtung verweist. Der CSU gefällt das „deutlich angejährte und ungepflegte Ambiente" überhaupt nicht, die ungeklärte S-Bahn-Tunnel-Frage sei kein Grund, dieses Eingangstor zur Stadt sowohl optisch wie praktisch verkommen zu lassen.

Säubern und Sanieren ja, aber nicht um jeden Preis – auf keinen Fall so spekulativ wie in anderen Münchner Gegenden. Behutsame Kosmetik soll sein, aber keine radikale Schönheitsoperation. So darf denn geträumt werden von möglichst vielen Grün- und Freischankflächen, von Pflanzkübeln und Green Events, von Street Partys, kommunikativen Kneipen, offenen Ateliers, von einem „Naschmarkt" wie in Wien. Weiter und systematischer möchte man das Quarter vor allem als ein Modellgelände zur Integration unterschiedlicher Kulturen und Lebensweisen ausbauen, zu dem es sich ohne größere Eingriffe bereits entwickelt hat.

## Spekulationen

Die Zuständigen der Stadt zeigen sich für derlei maßvolle Ideen durchaus aufgeschlossen. Eine vom Planungsreferat in Auftrag gegebene Studie enthält eine Reihe von Vorschlägen: Neuregelung des Verkehrs, Ausweisung von Wohnstraßen, breitere Gehwege, mehr Aufenthaltsangebote, mehr Kultur statt Kasinos und vor allem mehr bezahlbarer Wohnraum, der etwa durch Bebauung großer Innenhöfe oder Aufstockung von Gebäuden erreichbar

*Das Viertel soll schöner werden: Auch der Platz des GAP wird neu bebaut.*

wäre. Derzeit, musste das Sozialreferat feststellen, werden 16 Quadratmeter große Appartements für 1400 Euro vermietet.

Es wird höchste Zeit. Seit Kurzem ist auch das so lange von Planern, Presse und Publikum missachtete Bahnhofsviertel dem Druck kapitalkräftiger, oft nicht durchschaubarer Interessengruppen ausgesetzt. Sie haben hier offenbar ein lukratives Mini-Manhattan entdeckt. Auffallend ist in allerjüngster Zeit, dass mehr und mehr Immobilien von Scheichs aus den Emiraten aufgekauft und als Wohnungen auf Zeit ausstaffiert werden. Sie sollen hauptsächlich arabischen „Gesundheitstouristen" dienen, die von Spezialreisebüros immer zahlreicher angelockt werden; für sie sind Monatsmieten bis zu 2400 Euro nur Peanuts. Einige bringen gleich ihre ganze Großfamilie mit. Die Klage einer Hausgemeinschaft, die sich vom umlaufenden Medizintourismus belästigt fühlte, wurde vom Amtsgericht abgewiesen.

Spekulanten aus den Golfstaaten kaufen obendrein – noch relativ billigen – Wohn- und Büroraum im Bahnhofsviertel auf, um dort Personal einquartieren zu können, weiß Franz Wickenhäuser, der etliche anspruchsvolle Projekte angestoßen hat. Der äußerst ortskundige Fotograf schätzt, dass bereits 30 bis 50 Prozent aller Immobilien im südlichen Bahnhofsviertel arabische Eigentümer haben. „Vorher hatten sie ihr Domizil auf Zeit in einem bestimmten Quarter von Manhattan, wo sie wegen wachsender Islamfeindlichkeit allmählich ihre Zelte abbrechen."

In einem dieser Anwesen in der Paul-Heyse-Straße gab es schon häufig Ärger. Nachbarn klagten wegen Ruhestörung, überquellenden Müllcontainern und Löchern in der Fassade, durch die man Schläuche für Klimaanlagen zog. Auch wurde prozessiert wegen Verstößen gegen die Verordnung zur Zweckentfremdung von Wohnungen. So droht da und dort eher Aggression als Kommunikation und Integration.

Und so rollen denn seit einiger Zeit die Abrissbagger, während Wandtafeln vor riesigen Baugruben pompöse Projekte verheißen: Luxusappartements, Boarding Houses, Hotels, Büropaläste. Es kann bald teuer werden im Viertel mit den vielen Zuwanderern und Sozialhilfeempfängern. Teurer und anders. „Man merkt, dass altansässige Familien allmählich verschwinden, in wenigen Jahren ist hier nichts mehr wiederzuerkennen", fürchtet Franz Wickenhäuser, während sich Vater und Schwester so sehr bemühen, das Bestehende zu erhalten und zu verschönern. Zwei Millionen Euro soll eine Dachwohnung in einem nagelneuen Neubau an der Schwanthalerstraße kosten. Der Tatort-Schauspieler Martin Feifel ist aus der Landwehrstraße ausgezogen, weil er die erhöhte Miete nicht mehr stemmen konnte. „Diese Luxussanierung", klagte er im Bayerischen Rundfunk, „macht alles kaputt."

Unweigerlich geht manches von dem verloren, was für die Bahnhofsgegend typisch war und alternative Lebensweisen ermöglicht hat. Musterbeispiel: Das beliebte „Gap" in der Goethestraße 34, das in einer „Lücke" (daher der provisorische Name) zwischen ehemaligen Garagen türkischen Hip-Hop, Poetry Slam und sonst Kreatives gepflegt hatte, ist großflächig abgerissen worden. Verschwunden ist auch der direkt benachbarte Kulturladen „import-export", der statt Obst und Gemüse polyglotte Gespräche und die angeblich „beste Tanzmusik aller Zeiten" geboten hatte (immerhin fand sich an der Dachauerstraße ein Ausweichquartier). Noch hat die vom Stadtrat bestellte Quartiers-Managerin Ursula Ammermann die Hoffnung nicht aufgegeben, dass der Bauherr, eine Real Estate Development AG, wenigstens die innere Hofstruktur des neuen Büro- und Geschäftshauses, das die große Fläche zwischen Goethestraße und Paul-Heyse-Straße überzieht, zu Passagen ausbauen lässt, die dann für kleine Handwerksbetriebe genutzt werden, und dass sich auch jüngere Leute hier einmieten können.

Weitere Kommunikationsstätten sind vor dem Zugriff von Spekulanten keineswegs sicher. Gewiss nicht leicht ist die Abwehr dubioser internationaler Ketten, die Münchens Zentralbahnhof wie Kraken umgreifen. In zwei dortigen Fastfood-Lokalen, die ein Türke und ein Russe gemeinsam betrieben hatten, wurden von Günter Wallraffs investigativem RTL-Team haarsträubende soziale und hygienische Missstände aufgedeckt – und von der Behörde abgestellt.

Weniger das Eindämmen von üblen, jedoch systembedingten Spekulationen als die Bekämpfung der Kleinkriminalität, die während des Oktoberfestes durch die bis aus Südamerika anreisenden Trickbetrüger und Taschendiebe ihre Hochsaison hat, gehört zum Sofortprogramm der Stadt und der privaten Imagepfleger. Da wurden Erinnerungen wach an jene Zeit, als der ruinös-düstere Bahnhof noch von Schwarzhändlern, Schlägern, Zuhältern, Diebesbanden und anderen dunklen Gestalten belagert und umlagert war: Bei einer Razzia im September 1947 waren über tausend Verdächtige aufgegriffen und in Schnellverfahren hart bestraft worden. Im Januar 1948 hatte die Polizei, nachdem mehrere Beamte durch Pistolenschüsse verletzt worden waren, sogar einen Schießbefehl erlassen.

Die jüngsten Probleme sind eher lästig als wirklich bedrohlich. Das gilt insbesondere für die organisierten, im Schichtdienst arbeitenden Bettelmusiker und Bettelbanden; die meisten sind, wie man aus Überprüfungen weiß, als EG-Bürger aus Rumänien und der Slowakei eingewandert. Die auf dem „Arbeiterstrich" Ecke Goethestraße/Landwehrstraße lungernden, meist aus Bulgarien kommenden Tagelöhner komplettieren das dramatische Bild. Anwohner mobilisierten einen Sicherheitsdienst, damit die Situation nicht noch weiter eskaliert.

Das für die öffentliche Ordnung zuständige Kreisverwaltungsreferat hat nun ab 15. August 2014 aufdringliches und aggressives Betteln in der Nähe des Hauptbahnhofs (sowie in der Altstadt) verboten, rigoros wird mit bis zu vier Wochen „Zwangseinweisung" gedroht. Natürlich ist diese „Kampfansage an die Armen" nicht unumstritten. Dennoch: Auf Bildschirmen in den Bahnen wird gemahnt, den Bettlern einfach „die Geschäftsgrundlage zu entziehen", also nichts zu geben; auf mehrsprachigen Handzetteln werden die Unerwünschten direkt angesprochen.

## Kulturprojekte

Zum aktuellen Facelifting des Viertels gehören ganz wesentlich Ansätze, die eine Kulturszene entwickeln sollen. Längst gibt oder gab es bemerkenswerte Initiativen für Musik, Kunst, Design, Fotografie und Theater. Sie bedürfen freilich noch der Koordination, einer besseren Präsentation und großenteils auch einer systematischen Förderung. Dabei kann man durchaus auf eine gewisse Tradition zurückblicken. So reicht die Anwesenheit bedeutender Maler immerhin von Max Liebermann, der von 1878 bis 1883 eine Atelierwohnung mit Garten in der Landwehrstraße 52 hatte, über Franz Marc, der am 8. Februar 1880 als Sohn eines Kunstakademieprofessors in der Schillerstraße 35 geboren wurde, bis zum zeitgenössischen Top-Künstler Georg Baselitz, der einen Arbeitsplatz in der Landwehrstraße hat.

Ziemlich unbemerkt von der Öffentlichkeit, hat sich direkt hinter der Hackerbrücke ein Kunstzentrum von internationalem Rang etabliert. Das Europäische Patentamt (EPA), dessen Zentrale das Isarufer säumt, hat seinen ausgedehnten Neubau an der Gasserstraße mit einem Teil der seit 1978 alljährlich erworbenen Spitzenobjekte zeitgenössischer Kunst eingerichtet. Insgesamt umfasst die Sammlung europaweit 500 Werke von 240 Künstlern aus 32 Ländern, viele davon Auftragsarbeiten, in Foyers, Sitzungssälen, Büros, Gängen, Treppenhäusern, Restaurants, Gartenanlagen und sogar in der Sporthalle aufgehängt oder inszeniert. Nicht etwa als bloße Dekoration, auch nicht als Kunst am Bau, sondern als Antipoden oder Antworten zu den Themen, denen die EPA-Prüfer zuarbeiten: Wissenschaft, Technologie und Innovation. Für Interessenten ist die anspruchsvolle Sammlung allerdings nur bei Führungen oder teilweise von außen her zu sehen.

Die neue Europa-Behörde, deren mehrsprachige Mitarbeiter aus über 30 Ländern kommen, befindet sich übrigens an einem historischen Ort – ohne dass dies gekennzeichnet wäre. Der dortige „Milchladehof" und eine „Eilguthalle" waren während des Krieges zu einem Bahnhof des Schreckens umfunktioniert worden. Von hier aus wurden 3.800 Juden aus München und Umgebung, die man zunächst in Sammellager in Milbertshofen und Berg am Laim gepfercht hatte, bis März 1943 in mehreren Schüben nach Kaunas und in andere Todeslager deportiert. Am 13. März 1943 wurden 141 Münchner Sinti und Roma für die Todesfahrt nach Auschwitz „abgefertigt". Oft wurden mit denselben Zügen, die nur aus Viehwaggons bestanden, Zwangsarbeiter nach Deutschland transportiert. Alles geschah nachts, die Rampen waren nicht einsehbar. Man weiß, dass einige Eisenbahner Widerstand leisteten.

Sollte die Deutsche Bahn jemals willens sein, die ungemein dramatische Geschichte des Münchner Hauptbahnhofs zu dokumentieren, würde es an geeigneten Objekten und jüngeren Forschungsergebnissen nicht mangeln. Natürlich wäre dann die fatale Rolle der Reichsbahn im Nazistaat ein wichtiges Thema – wie seit Langem schon im Nürnberger Verkehrsmuseum dargestellt. Im Juni 2009 gab es im Münchner Gewerkschaftshaus schon einmal eine mit Führungen und Vorträgen verbundene Ausstellung „Endstation Vernichtung". Damals hatten die Veranstalter – demokratische Organisationen und das Stadtarchiv – Anlass zur Feststellung: „Im Gegensatz zur Wirtschaft zeigt die Unternehmensspitze der Bahn immer wieder eine fragwürdige und irritierende Verweigerungshaltung". Gewiss würde sich nun im geplanten Neubau doch noch Platz finden für ein Museum zur eigenen Zeitgeschichte oder mindestens für eine Gedenkstätte für die Opfer.

Tatsächlich gibt es im Hauptbahnhofbereich bereits ein Museum. Im Nordflügel, wo immer noch die Züge in Richtung Starnberg abfahren, hat die Pädagogische Aktion im Auftrag des städtischen Kulturreferats ein Kinder- und Jugendmuseum eingerichtet. Es ist zwar nur als Provisorium konzipiert, um irgendwann eine bessere Bleibe zu finden, bietet aber doch längst schon ambitionierte Ausstellungen nicht nur für Kinder und Schulklassen, sondern auch für Pädagogen und sonst interessierte Erwachsene. Neugierde, Fantasie und Kreativität sind gefordert und werden gefördert, indem bestimmte Themen so lebendig und lehrreich wie möglich dargestellt werden. Zuletzt beispielsweise die Luft, die uns umgibt. Die jüngste Ausstellung „Seifenblasen" wurde bis September 2015 verlängert. Es gibt Werkstatt-Ateliers, Video- und Audiopräsentationen, die manchmal auch in die Schalterhalle des Hauptbahnhofs verlagert werden.

## Das EineWeltHaus

Wenn es in diesem Bahnhofsviertel einen Ort gibt, wo Globalisierung und internationaler Kulturaustausch ein zentrales Forum haben, dann ist es das EineWeltHaus. Als kommunale Umsetzung der Agenda 21 für Umwelt und Entwicklung von Rio wurde es 2001 mit Oberbürgermeister Ude und dem Liedermacher Konstantin Wecker eröffnet. Weil der Trägerverein aber auch Gruppen wie die Rosa Luxemburg Gesellschaft und Programme wie das „Attac-Palaver" zuließ, erkannten CDU und FDP in dem Hinterhofhaus in der Schwanthalerstraße 80 mit seiner bunt bemalten Brandmauer zeitweise das „Nest der Linksradikalen" und forderten, den städtischen Zuschuss zu streichen. Inzwischen ist der neue CSU-Bürgermeister Josef Schmid nach mehreren Besuchen umgeschwenkt. Das von 92 verschiedenartigen Nutzern – die Hälfte sind Migrantengruppen – veranstaltete Programm hat nämlich nur noch einen kleinen politischen Anteil.

Schwerpunkt sind vielmehr soziale, ökologische und zur Hälfte kulturelle Themen. Diese werden dargeboten in Form von Seminaren, Gesprächen mit den Trägern des Alternativen Nobelpreises, Lesungen namhafter Autoren aus fernen Ländern, Konzerten und einem „Frischluftkino". Es gibt drei Tanzgruppen, ein Orchester, einen Chor, eine Dokumentarfilmgruppe und eine Radiogruppe mit eigenem Studio, das jeden Montagabend über „Radio Lora" sendet. Dazu noch eine Bibliothek mit 5.000 Medien zu Dritte-Welt-Themen, einen „Green Fair Shop" und eine „Weltwirtschaft", wo jeder Besucher – etwa 70.000 im Jahr – rund um den Globus speisen kann. Ein „Fair Teiler" gibt überschüssige Lebensmittel an Bedürftige aus.

Theater in Form von Stadtrundgängen – auch dies ist ein ungewöhnliches Projekt, das die Bewohner, Beschäftigten und Besucher des Bahnhofsviertels einander näher bringen und der Kultur inmitten eines amorph multikulturellen Umfelds eine Chance geben soll. Nach einem Probelauf unter dem Titel „24 h" haben die städtischen Kammerspiele (deren Keimzelle in Bahnhofsnähe war) im Juni 2014 ein „Stück" mit dem Titel „Niemandsland" aufgeführt. „Zuschauer" wurden an neun Abenden von der Bahnhofshalle aus durch verschiedene Straßen, vorbei an gaffenden Menschen, von einem zugewanderten „Guide" geführt, der über Kopfhörer über sein – oft grausames – Schicksal erzählte, von Schmerzen und Ängsten und Freuden, über das Leben in der Fremde und die Beziehungen zum Gastland. Nach einer Stunde trafen sich die jeweils 20 Paare in einem Container auf der Theresienwiese.

*Buntes Entreé zum EineWeltHaus.* ▶

## Musik und Migration

Nicht zuletzt ist es die Musik, die hier einen neuen Ton angibt. 2011 boten vier türkische Geiger mitten auf der Goethestraße ein Streichquartett und gewannen einen Preis für „Klassik ohne Grenzen". Drei von ihnen organisieren jetzt Konzerte mit Musik dreier Weltreligionen. Sie wollen auch dort spielen, so man es nicht vermutet, zum Beispiel in einem Metzgerladen. Mit ihrer Initiative „Respect us" wollen sie, so der 1968 nach München gekommene Dolmetscher Mehmet Yesilcay, Begegnungen auf Augenhöhe und voller Respekt schaffen.

Dreizehn Musiker aus sechs Nationen und mehreren Generationen spielen im „Münchner Bahnhofsorchester" von Professor Hannes Beckmann. Er hatte bei den Sinti-Geigerfamilien Reinhardt und Weiss gelernt und wohnt seit 1973 in der Landwehrstraße 58 und sagt: „Die Gegend ist zu einem orientalischen Quartier geworden. Unter meiner Wohnung befindet sich seit Langem ein griechisches Lokal, in dem oft Araber zusammengekommen sind. Die Rhythmen ihrer Daraboukas drangen in meine Wohnung. Mit Rhythmus hatte ich mich mein ganzes Musikerleben beschäftigt, und so interessierte ich mich auch für diese Grooves." Sie animierten ihn 2001 erstmals zu einem orientalisch orientierten Musikstück mit Streichinstrumenten und nordafrikanischen Handtrommeln; er nennt es „mein musikalisches Spiegelbild der Landwehrstraße".

Heute komponiert, arrangiert, dirigiert und spielt Maestro Beckmann, laut „Süddeutscher Zeitung" einer der weltbesten Jazzgeiger, eine Art Weltmusik, mit Anklängen an Ethno-Jazz und Klassik, wobei er auch mal Beethoven in Blues einfließen lässt. Ein Stück heißt „Die drei Weltreligionen". Das gelegentlich mit Rapsongs unterlegte Projekt „Canto Migrando", das im EineWeltHaus uraufgeführt wurde, füllt inzwischen größte Säle und Stadtplätze. Aber auch zur Stadtteilkultur leistet er mit seiner neuen Formation, dem Münchner Bahnhofsorchester, immer gern einen Beitrag.

In der „monolithischen Ansammlung von Beherbergungsstätten", die weit über ein großstädtisches Bedürfnis nach Unterkünften in Bahnhofsnähe hinausgehe, und in der „voranschreitenden Gentrifizierung" sieht Beckmann allerdings ein großes Problem. Bei aller praktizierter Offenheit gegenüber den Erscheinungen der Migration befürchtet er eine komplette, bürgerfremde Umstrukturierung dieses Quartiers durch teilweise obskures Spekulationskapital: „Von meinem ‚Gesang der Migration', der ein offenes Miteinander verschiedener Kulturen zum Klingen bringt, wird dann nicht mehr viel übrig bleiben. Daran ändern auch ein paar auf den Gehwegen aufgestellte Betonblumentöpfe nichts."

Schon vor Jahren hatte der Verein Green City, dessen Münchner Büros in einem heruntergekommenen Hinterhaus der Goethestraße ebenfalls dem Abriss zum Opfer fielen, fünfzehn Blumentöpfe durch die Straßen gerollt, um für eine „Wanderbaumallee" zu werben. „Am Ende konnten wir ganze vier Bäumchen in der Schillerstraße pflanzen", berichtet Silvia Gonzales, die 2003 aus Spanien eingewandert war. Dann versuchte sie es mit einer Aktion zur Fassadenbegrünung und wandte sich an den kurdischen Hotelkönig Kavun.

*Das Münchner „Bahnhofsorchester".*

Der aber möchte keine Kletterpflanzen an seinen Häusern, weil er diese alle dunkelrot bemalen lässt. Auch mit Vorschlägen zur Planung von Radwegen durchs Viertel bissen die „Grünfans" auf Granit. „Die Zuständigen der Stadt", sagt Frau Gonzales, „wollen darüber erst nachdenken, wenn man mehr über die Gestaltung des Bahnhofumfeldes weiß."

Der Hauptbahnhof selbst und sein unmittelbarer Umkreis – der ist tatsächlich das städtebauliche A und O jeglicher Zukunftsentwicklung. Was sich hier gegenwärtig tut, ist alles andere als eine vorzeigbare Visitenkarte. Es ist das blanke, seit Jahrzehnten unveränderte Chaos. Dass so lange nichts voranging, lag gewiss nicht nur an der notorischen Finanzenge, sondern mehr noch an den fortlaufenden Verunsicherungen (siehe im Kapitel „Der Bahnhof"): durch den Dauerstreit um Stuttgart 21, durch das Fiasko mit dem Transrapid, durch die (gescheiterte) Münchner Olympiabewerbung.

*Der neu geplante Hauptbahnhof-Vorplatz.*

Seit April 2015 aber liegt die Realisierung eines würdigen, funktionsfähigen Bahnhofs und Bahnhoffoyers für die weiter wachsende Stadt nicht mehr in den Sternen. Nach einem von allen Partnern akzeptierten Entwurf der Architekten Auer und Weber soll die denkmalgeschützte Gleishalle eingerahmt werden von – wie die Deutsche Bahn ankündigt – einem der attraktivsten Empfangsgebäude Europas, das beim bisherigen Starnberger Bahnhof überdies flankiert wird von einem 75 Meter hohen, schrägen Büro- und Hotelturm, der als „Landmarke" des Bahnhofviertels gedacht ist.

Das aus Taxiständen, Parkeinfahrten und Trambahn-Inseln bestehende Chaos vor dem Neubau des Hauptbahnhofs soll zugleich entzerrt werden, sodass ein autofreier Platz entstünde, der auf Straßenebene und nicht nur durch Unterführungen an die innerstädtische Fußgängerzone anschließen würde. Vorgesehen sind auch dezentrale Fahrradparkhäuser mit 3.700 Plätzen. Die Zielvorstellung etwa der Stadtteil-Managerin Ursula Ammermann ist ein „großer, freundlicher Platz mit Aufenthaltsqualität, ohne Hindernislauf zwischen Taxen und über Straßen." Und das für mindestens 450.000 Fahrgäste und Kunden, die künftig im Tagesdurchschnitt erwartet werden.

Wann der Große Bahnhof empfangsbereit sein wird, das steht allerdings noch ebenso infrage wie die Höhe der Kosten. Sie könnten, heißt es, eine Milliarde Euro erreichen.

Offiziell wird die Bauzeit auf fünfeinhalb Jahre geschätzt. So wird sich das Viertel wohl schneller verändern als die große Verkehrsdrehscheibe, nach der es benannt ist. Doch auch das andere Mammutprojekt, die zweite Stammstrecke der S-Bahn, ist Mitte 2015 der Realisierung nähergerückt. Nach jahrelanger Verzögerung hat die Deutsche Bahn die Tunnelstrecke dafür europaweit ausgeschrieben. Nach den jüngsten Planungen soll unter der Empfangshalle des neuen Hauptbahnhofs (siehe im Kapitel „Der Bahnhof") eine 41 Meter tiefe, mit Expressaufzügen und Rolltreppen erreichbare Zugangshalle zur S-Bahn entstehen.

# Literaturnachweis

Dtv Reise Textbuch München, München 1988

Gastfreundliches München, BLV 1962

Haus der Bayerischen Geschichte: Die Bayern und ihr Rundfunk, 1999

Haus der Bayerischen Geschichte / Valentin-Karlstadt-Musäum [Red.: Evamaria Brockhoff / Wolfgang Jahn]: An jedem Eck a Gaudi. Karl Valentin, Liesl Karlstadt und die Volkssänger, Pustet Verlag 2011

Kulturgeschichtspfad Ludwigsvorstadt, Kulturreferat 2009

Kulturgeschichtspfad Maxvorstadt, Kulturreferat 2009


BENCKISER, NIKOLAS: Zeitungen in Deutschland, FAZ Verlag 1968

BILLER, JOSEF H. / RASP, HANS-PETER: München. Kunst & Kultur, Südwest 2005

BURGER, HANNES / RIEHL, HANS / SCHÄFER, MARTIN / PLAPPERER-LÜTHGARTH HEIKO [HRSG.]: Palast des Lächelns. Hundert Jahre Deutsches Theater in München, Hugendubel, München 1996

GOETHE, JOHANN WOLFGANG VON: West-östlicher Diwan, Insel Verlag 2012

GRAF, OSKAR MARIA: Autobiographische Schriften, List 1994

DERS.: Wir sind Gefangene, dtv 2008

Groß, Gerhard: München wie geplant, Schiermeier Verlag 2005

HABEL, HEINRICH: Topographie Maxvorstadt, Landesamt für Denkmalschutz 2014

HEHLE, MARKUS: Verkehrsknoten München, EK Verlag 2003

HEINRICH, KARL BORROMÄUS: Karl Asenkofer, Langen 1907

HEINRITZ G. (HRSG.) / GEIPEL, R. (AUTOR): München. Ein sozialgeographischer Exkursionsführer, Verlag Lassleben 1987

HEINRITZ, GÜNTER / WIEGANDT, CLAUS-CHRISTIAN / WIKTORIN, DOROTHEA (HRSG.): Der München Atlas. Die Metropole im Spiegel faszinierender Karten, Emons 2005

HELLER, JOACHIM: Die Breitbahn

HEPLER, RAINER: St. Paul in München, Kunstverlag Fink 2010

HUTTEN, KATRINE VON: Von Kopf bis Fuß. 62 Stücke, Artemis & Winkler Verlag 1975; Literaturtelefon 1990

KOEPPEN, WOLFGANG: Tauben im Gras, Suhrkamp 1990

KOSCHINSKI, KONRAD: Eisenbahn in München, VGB Verlag 2013

KURZ, JOSEF: Theatergemeinde München, Druckerei Manz 2010

LAJTOS, SUSANNA: In luxuriösen Betten, Allitera 2010

LERCH-STUMPF, MONIKA (HRSG.): Neue Paradiese für Kinosüchtige. Münchner Kinogeschichte 1945 bis 2007, Dölling und Galitz Verlag, München 2008

LISSON, PETER: Drehscheibe des Südens, Hestra Verlag 1991

MÜLLER-MEININGEN JR., ERNST: Orden, Spießer, Pfeffersäcke, Schweizer Verlag 1989

PIONTEK, HEINZ: Die Mittleren Jahre, dtv 1969

QUALTINGER, HELMUT: Beitrag zum Stadtjubiläum 1958, in: 800 Jahre München. Festwochen 14.6.–31.8.1958, Festverein München e.V. (Hrsg.), MünchenVerlag 1958

RÄDLINGER, CHRISTINE: Geschichte der Münchner Brücken, Schiermeier 2008

RÜHLEMANN, MARTIN: Varietee und Singspielhallen, Meidenbauer 2012

SCHATTENHOFER, MICHAEL: Wirtschaftsgeschichte Münchens, Volk Verlag 2011

SCHÖNERT, KRISTINE (HRSG.): Die Kunstsammlung. Aktuelle Kunst im Europäischen Patentamt, München 2010

SELIG, WOLFGANG: Arisierung in München, Metropol Berlin 2004

SOMMER, SIEGFRIED: Das große Blasius-Buch, Südd. Verlag 1967

SPENGLER, KARL: Münchner Straßenbummel, Bruckmann 1960

STANKIEWITZ, KARL.: München. Stadt der Träume, Schiermeier 2005

DERS.: Der Stachus. Wo München modern wurde, München Verlag 2006

DERS.: Schwarze Tage. Das Münchner Katastrophenbuch, Schiermeier 2006

DERS.: Münchner Sittenbuch. Liebe, Laster, Affären, Schiermeier 2007

TRAUTMANN, KARL: Kultur-Bilder aus Alt-München, Lindauer 1914

TWOREK, ELISABETH: Und dazwischen ein schöner Rausch, dtv 2008

WAGNER, HANS: Enzyklopädie der bayerischen Tagespresse, Jehle-Rehm 1990

WEIGL, EUGEN: Münchner Volkstheater im 19. Jahrhundert, Stadtarchiv, 1961

WEYERER, BENEDIKT: München 1919–1933, Buchendorfer 1993

DERS.: München 1933–1949, Buchendorfer 1996

WIESNER, HERBERT: Stadtbesichtigung, Schneekluth 1982

WIMMER, STEFAN JAKOB: München und der Orient, Kunstverlag Fink 2012

WOLF, GEORG JACOB: Ein Jahrhundert München, Weidlich Verlag 1980

WUCHER, PETRA: Ich dichtete und lief in der Revolution herum, Allitera 2012

Bitte beachten Sie auch die folgenden Buchhinweise.

**Geschichte der Stadt München**

*Georg Reichlmayr*

978-3-95400-182-8

11,95 Euro

**Mir ging eine neue Welt auf**
Die Anfänge des Fremdenverkehrs
in Oberbayern

*Karl Stankiewitz*

978-3-86680-916-1

22,95 Euro

**Die Gegend hier ist göttlich**
Zeitreise durch 100 Jahre
Tourismus im Chiemgau

*Karl Stankiewitz*

978-3-95400-017-3
19,95 Euro

Weitere Bücher aus Ihrer Region finden Sie unter:
**www.suttonverlag.de**